浙江省地方立法与法治战略研究院（智库）成果

# 少年法庭

## 发展战略研究

ShaoNian FaTing FaZhan ZhanLue YanJiu

唐 勇著

浙江工商大学出版社 | 杭州
ZHEJIANG GONGSHANG UNIVERSITY PRESS

**图书在版编目(CIP)数据**

少年法庭发展战略研究 / 唐勇著. —杭州：浙江
工商大学出版社，2019.10
ISBN 978-7-5178-3485-4

Ⅰ. ①少… Ⅱ. ①唐… Ⅲ. ①青少年犯罪－司法制度
－研究－中国 Ⅳ. ①D926.8

中国版本图书馆 CIP 数据核字(2019)第 220257 号

**少年法庭发展战略研究**
**SHAONIAN FATING FAZHAN ZHANLUE YANJIU**
唐　勇　著

| | | |
|---|---|---|
| **责任编辑** | 田程雨 | |
| **封面设计** | 林朦朦 | |
| **责任印制** | 包建辉 | |
| **出版发行** | 浙江工商大学出版社 | |
| | (杭州市教工路 198 号　邮政编码 310012) | |
| | (E-mail:zjgsupress@163.com) | |
| | (网址:http://www.zjgsupress.com) | |
| | 电话:0571－88904980,88831806(传真) | |
| **排　　版** | 杭州朝曦图文设计有限公司 | |
| **印　　刷** | 杭州高腾印务有限公司 | |
| **开　　本** | 710mm×1000mm　1/16 | |
| **印　　张** | 10 | |
| **字　　数** | 121 千 | |
| **版 印 次** | 2019 年 10 月第 1 版　2019 年 10 月第 1 次印刷 | |
| **书　　号** | ISBN 978-7-5178-3485-4 | |
| **定　　价** | 40.00 元 | |

# 目　录

# 绪　言

少年智则国智，少年富则国富，少年强则国强，少年独立则国独立，少年自由则国自由，少年进步则国进步，少年胜于欧洲则国胜于欧洲，少年雄于地球则国雄于地球。

——梁启超①

未成年人的工作，是事关未来的事业，是决定中华民族综合素质不断提高的基础工作。

——习近平②

---

①梁启超：《少年中国说》，《饮冰室合集》（文集第二册），北京：中华书局 2015
年版，第 396 页。
②习近平：《精神文明建设要从娃娃抓起》（2004 年 7 月 23 日），《之江新语》，
杭州：浙江人民出版社 2007 年版，第 66 页。

在国际和国内现行的法律体系中,未成年人①是一类独特的法律关系主体。一方面,未成年阶段是每个自然人成长过程中必须经历的阶段,未成年人的工作事关每个自然人,从这个维度说,未成年人的权利是一项基本人权。1948年联合国大会第217A(III)号决议通过并颁布的《世界人权宣言》是第一份全球性人权文件,其中,第25条第2款规定,"母亲和儿童有权享受特别照顾和协助。一切儿童,无论婚生或非婚生,都应享受同样的社会保护"。1989年联合国大会第44/25号决议通过《儿童权利公约》,作为第一份具有法律约束力的儿童权利国际公约,汇集了公民权利、政治权利、经济社会和文化权利等一揽子人权,强调18岁以下的未成年人所需要的特别关爱和保护,而这往往是成年人并不需要的。在主权国家内部,各国宪法作为根本大法同样制定对未成年人的特别条款。例如,我国《宪法》第四十六条第2款规定,"国家培养青年、少年、儿童在品德、智力、体质等方面全面发展";第四十九条规定了儿童受国家保护、父母有抚养教育未成年子女的义务、禁止虐待儿童等三项义务性条款。再如,《德国基本法》

———————————

① 从联合国和我国现行法律所使用的概念看,儿童、少年和未成年人往往是通用的。例如,《儿童权利公约》(联合国大会1989年11月20日第44/25号决议)第1条规定,"儿童系指18岁以下的任何人,除非对其适用之法律规定成年年龄低于18岁"。《联合国保护被剥夺自由少年规则》(联合国大会1990年12月14日第45/113号决议通过)第11(a)条规定,"少年系指未满18岁者"。我国《民法总则》第十七条规定,"十八周岁以上的自然人为成年人。不满十八周岁的自然人为未成年人"。《未成年人保护法》第二条规定,"本法所称未成年人是指未满十八周岁的公民"。未满18周岁的自然人被定义为儿童、少年和未成年人,均有相应的法律依据。通过检索中国知网(CKNI),截至2018年4月30日,篇名中包含"少年法庭"字样的期刊论文(文章)91篇,篇名中包含"未成年人法庭"字样的期刊论文(文章)1篇,篇名中包含"儿童法庭"字样的期刊论文(文章)0篇。由此可知,我国学界惯常使用的术语为"少年法庭",本研究遵从学界通说,在描述法律关系主体时使用"未成年人"概念,在描述机构时使用"少年法庭"概念。

第 119 条规定多子女家庭有权要求给予充分照顾,第 120 条赋予父母教育子女使其身心健康并具有社会能力的权利和义务,第 121 条规定非婚生子女与婚生子女的平等地位,第 122 条更是明确"必须保护青少年不受剥削,不受道德、精神及身体的堕落。国家与乡镇社区须设置相应机构"①。从人权保护的维度观之,未成年人的权利不能完全被普遍人权所涵盖,因此,对未成年人的保护需要单独的法律体系和法治机制。

另一方面,未成年阶段正如其字面意思所述,自然人尚未成年,在公法尤其是私法上欠缺完全的行为能力和责任能力,法律对其的要求和评价显然低于成年人,从这个维度说,未成年人的义务是一种低层度的义务。这在各国部门法的立法中同样可以找到例证。我国《民法总则》第十九条规定,"八周岁以上的未成年人为限制民事行为能力人,实施民事法律行为由其法定代理人代理或者经其法定代理人同意、追认";第二十条规定,"不满八周岁的未成年人为无民事行为能力人,由其法定代理人代理实施民事法律行为"。这组规定与其说是对未成年人民事行为的限制,不如说是通过牺牲交易的效率来降低未成年人的交易风险,即降低未成年人对其民事行为所需承担的法定义务。《德国民法典》将未满 7 周岁的人设定为无行为能力,"无行为能力人自己做出之意思表示,为无效;向其做出的意思表达仅在到达法定代理人时,始发生效力";将年满 7 周岁的未成年人设定为限制行为能力,"向限制行为能力人做出之意思表示,若其仅带来法律上之利益,或者其法定代理人已经予以允许,则立即发生效力"②。《俄

---

① 本研究所引述的外国宪法条文,均采自《世界各国宪法》编辑委员会编译:《世界各国宪法》(四卷本),北京:中国检察出版社 2012 年版,以下不再单独标明出处。

② 杜景林,卢谌:《德国民法典全条文注释》,北京:中国政法大学出版社 2014 年版,第 80—82 页。

罗斯民法典》分别以 6 周岁和 14 周岁为界，对未成年人设定行为能力的限制，对其法律义务给予相应地降低。[①] 同样，各国刑法对未成年人的义务设定明显低于成年人，无须赘言。从义务设定的维度观之，法律对未成年人的义务要求明显低于对成年人的义务要求，因此，对未成年人的追责需要不同于成年人的法律体系和法治机制。

作为一类独特的法律关系主体，国际社会和主权国家分别通过国际法和国内法建立了保护未成年人的实体法体系，尤其是在我国，除了《宪法》和《民法总则》《刑法》《义务教育法》等基本法律设定未成年人条款外，1991 年 9 月 4 日全国人大常委会通过的《未成年人保护法》（2012 年 10 月 26 日修订）是专门保障未成年人的合法权益的一部法律。法谚有云，无救济即无权利。在一个法治昌明的国家，未成年人合法权益的保障，最终通过司法诉讼得以救济，换句话说，实体法体系对未成年人的保护，应当通过相应的程序法体系以及配套的司法机构来实现。《未成年人保护法》第五十五条规定，"公安机关、人民检察院、人民法院办理未成年人犯罪案件和涉及未成年人权益保护案件，应当照顾未成年人身心发展特点，尊重他们的人格尊严，保障他们的合法权益，并根据需要设立专门机构或者指定专人办理"。据此，国家有义务在司法机构中设立专门机构或者指定专人来办理未成年人犯罪案件和涉及未成年人权益保护案件。从这个意义上说，国家创设、推广和完善少年法庭，既是关爱下一代的道义义务，更是履行法律明确设定的法定义务。本研究通过学理分析来构建具体制度，最终提供一份适合我国国情的少年法庭建制蓝图，为我国少年法庭的发展提供决策参考。

---

① ［俄］E. A. 苏哈诺夫主编：《俄罗斯民法》（第 1 册），黄道秀译，北京：中国政法大学出版社 2011 年版，第 113—118 页。

## 一、研究现状

　　1984 年 10 月,上海市长宁区人民法院建立了我国第一个专门审理未成年人刑事案件的合议庭,时任最高人民法院副院长任建新同志做出批示,将少年法庭工作推向了全国。[①] 以此为起点,我国少年法庭的实践探索已经走过了 30 多个年头,学术界尤其是法学界对少年法庭的研究也经历了国外制度引介、本土机构摸索、实践经验总结等阶段,产生了一批颇具现实意义的理论成果,为本研究的展开提供了学理基础。

### (一)国外制度引介

　　从中国知网收录的文献看,我国学界对少年法庭的研究肇始于 1981 年。20 世纪 80 年代的研究成果侧重于翻译国外的资料,将国外的少年法庭制度介绍进来,为我国相应的制度设计提供参考样本。

　　1981 年,李秀兰翻译了法国达罗斯出版社出版的《法国刑法典》中关于少年法庭的 12 个条文(第 13—24 条),从立法例的角度呈现了法国少年法庭的审判程序、罚款数额、判决刑期、羁押方式以及未成年被告人诉讼权利保护等内容。[②] 该成果仅仅是翻译,译者并未加以评析和解释,也未提出对我国少年法庭的借鉴,但其意义在于使用了"少年法庭"这个术语,开辟了一个新的学术讨论领域。1983 年,康树华考证出世界上最早的少年法庭是美

---

[①] 骆惠华:《为了孩子幸福　为了国家未来——人民法院少年法庭工作辉煌 30 年回顾》,《人民法院报》2014 年 11 月 25 日,第 4 版。
[②] 李秀兰译:《法国〈刑法典〉中关于少年法庭的规定》,载《国外法学》1981 年第 6 期。

国伊利诺伊州在 1899 年诞生的,同年 7 月 1 日芝加哥诞生了世界上第一个少年法庭,在回顾少年法庭在美国的变迁史后,指出"现在美国正在稳步地转向一个由法律专业人员控制并对之负责的少年法庭系统"①。1984 年,《国外法学》摘录《参考消息》的一则"奇闻异趣",作为期刊补白,介绍了美国德克萨斯州奥德沙城的少年法庭,该法庭主要判罚义务劳动,其成员除一位专任法官外,律师、检察官、书记官和陪审团员,全是由以前曾接受过审判、定罪和服过刑的十几岁的孩子担任。②

20 世纪 80 年代的研究基本上侧重于介绍国外经验,其学术价值体现为三个方面:第一,学者使用并固定了"少年法庭"这个概念,无论大陆法系还是英美法系,在资料翻译用词上采用统一的术语,这为随后的研究奠定范畴的基础。第二,零星的研究窥豹一斑,但给国内的学界和实务界展现了一种关于未成年人的法庭样式和诉讼制度。我国的《刑法》《刑事诉讼法》和《人民法院组织法》皆制定于 1979 年 7 月 1 日,引介国外制度具有前瞻意义。第三,早期的研究表明,各国少年法庭的制度具有共性,制度设计的目的旨趣以及诉讼的基本程序具有很大的相似性,这为比较法研究尤其是国外制度的借鉴提供空间。

**(二)本土机构摸索**

在 1984 年第一家专门审理未成年人刑事案件的合议庭诞生后,1987 年 9 月起,北京市的法院系统在海淀、西城(宣武)、东城、石景山、房山等基层人民法院的刑事审判庭下设少年审

---

① 康树华:《美国少年法庭的演变和发展趋势》,载《现代法学》(原《法学季刊》)1983 年第 1 期。
② 《美国的少年法庭》,载《国外法学》1984 年第 6 期。

判庭。① 1990 年 8 月 2 日至 26 日，最高人民法院召开社会治安综合治理和少年法庭工作座谈会。截止到 1990 年 6 月，中级人民法院和基层人民法院设立少年法庭 866 个，高级人民法院设立少年法庭 6 个，北京、天津、江苏等省市的高级人民法院还出台了工作细则，少年法庭进入一个全国推开的发展阶段。② 在此背景下，学界的研究重心从移译国外制度，转向摸索本土机构的组织设计和运行方式。

　　1990 年 5 月至 6 月，最高人民法院研究室对江苏、安徽两省的少年法庭设置情况进行调研。调研报告对我国的少年法庭做了一个基本的界定，"少年法庭是审理未成年人刑事案件合议庭的简称"。两地少年法庭在业务工作方面的通行做法包括心理疏导、教育感化、家访调查，注重发挥法定代理人的作用。③ 1991 年《未成年人保护法》出台后，少年法庭的研究成果大量出现。郑重和翟崇林提出少年法庭的工作模式要突破"不告不理"，强化能动意识，与公安、检察、学校、社区建立网络型超前综合预防机制，并且要扩大受案范围，囊括少年刑事、民事、经济、行政等案件。④ 1994 年杨崇刚对"少年法庭"的名称提出异议，认为审理未成年人犯罪的合议庭应该叫"审判少年犯罪合议庭"，审理未成年人犯罪的法庭应该叫"少年犯罪案件审判庭"。⑤ 自此，少年法庭的受案范围是局限于刑事案件，还是可以包括民事和行政案件，成为学界争议的问题。1991 年 1 月 26 日，最高人民法院颁布《关于办

①1993 年东城区人民法院率先成立庭级建制的少年刑事审判庭，随后，西城（1997 年）、海淀（2010 年）、房山（2011 年）、石景山（2012 年）也相继成立独立建制的未成年人案件审判庭。
②蒋惠岭：《社会治安综合治理和少年法庭工作座谈会在北京举行》，载《人民司法》1990 年第 10 期。
③雷迅等：《皖苏少年法庭工作情况调查》，载《人民司法》1990 年第 10 期。
④郑重，翟崇林：《综合性少年法庭的运转机制》，载《法学》1992 年第 1 期。
⑤杨崇刚：《少年法庭名称》，载《法学杂志》1994 年第 6 期。

理少年刑事案件的若干规定(试行)》,该《规定》第三条规定,人民法院应当在刑事审判庭内设立少年法庭,即少年刑事案件合议庭,有条件的也可以建立与其他审判庭同等建制的少年刑事审判庭。据此,最高人民法院倾向于将少年法庭定位为刑事法庭(合议庭)。1995年康均心站在"未成年人刑事审判"的角度撰文以纪念我国少年法庭诞生十周年,总结了我国未成年人刑事审判的原则,即社会利益与未成年人利益双重保护原则、寓教于审原则、法律帮助原则、不公开原则和从宽原则。[1]

1999年,上海市对少年法庭的机构设置进行改革,采用指定管辖的方式,将原来20个区县基层法院的少年法庭合并为4个。1999年11月,上海市长宁区人民法院举办了"少年法庭指定管辖工作研讨会"。2000年,法学期刊《政治与法律》整合研讨会成果,组织实务界的法官和理论界的学者举行了一次我国少年法庭机构设置与改革方向的笔谈,进一步推动了我国少年法庭的探索。从刊发的论文来看,"集中审理"普遍被认为是一项富有探索性和深远意义的改革;[2]有必要在法院组织法中明确少年法院的法律地位;[3]少年司法制度本质上是刑事性的,其外延包括未成年不良行为[4]与严重不良行为的行政处罚、保安处分案件。[5] 王戬和祁建建的研究也赞同"集中审理,指定管辖"的改革方向,以产生规模效益,确保个案的量刑平衡,并确保教育和感化

[1]康均心:《未成年人刑事审判:中国的实践——纪念我国少年法庭诞生十周年》,载《法学评论》1995年第1期。
[2]罗宏:《少年法庭机构改革意义深远》,载《政治与法律》2000年第1期。
[3]肖建国:《加强前瞻性理论研究,指导和推动少年法院的建立》,载《政治与法律》2000年第1期。
[4]本研究倾向于译作"越轨行为",delinquency是美国少年司法领域常见的一个术语,涵盖非法的、品行不端的、违反社会共识或胡闹的行为。
[5]吕敏,王宗光:《少年法院的创设模式和收案范围》,载《政治与法律》2000年第1期。

效果。① 2001 年,姚建龙在少年法庭的基础上,提出了少年法院的构想。在级别上,少年法院属于基层人民法院,设置于设区的市,审理全市未成年人的一审案件(包括刑事、民事和行政),并在中级人民法院终审。②

20 世纪 90 年代的研究成果除了零星有一些介绍国外经验的文章外,学界集中讨论少年法庭在我国的实践问题。在研究对象上,我国少年法庭的地方实践已经展开,为学界讨论提供了丰富的样本;在研究结果上,学界讨论能够给少年法庭的地方实践提供借鉴,使之成为一个真正的中国问题。该阶段研究的一个明显现象是,发表论文的作者绝大多数是从事未成年人刑事审判工作的一线法官。

## (三)实践经验总结

2003 年是我国少年法庭研究的一个增长年。一方面,全国设立的少年法庭达到 2400 个,专门从事未成年人案件审判工作的法官超过 7200 人;③另一方面,在中国知网收录的文献中,2003年之前,每年标题含有“少年法庭”字样的论文(文章)不足 10 篇,2003 年起,每年标题含有“少年法庭”字样的论文(文章)维持在两位数。从研究对象和研究成果的数量上看,少年法庭的学术研究进入一个新的阶段。

2003 年,张伟东和田梦华以哈尔滨市中级人民法院的实践

----

① 王戬,祁建建:《改革少年法庭机构设置》,载《青少年犯罪问题》2000 年第 2 期。

② 姚建龙:《对我国目前创设“少年法院”的几点思考——从“少年法庭”到“少年法院”》,载《中国青年研究》2001 年第 6 期。

③《我国已建立 2400 个少年法庭》,载《人民公安报》2003 年 11 月 1 日,第 2 版。

为例,总结我国少年法庭运行的基本情况。少年法庭的主要做法包括依法保护未成年人的监护权、辩护权、最后陈述权和上诉权,在量刑上充分体现教育为主、惩罚为辅的方针,寓教育、感化和挽救于审判活动;工作的外延向学校、宣传部门和社会拓展,兼顾青少年犯罪的预防,营造少年法庭、学校和社会齐抓共管的态势。①2005 年,卢路生研究发现,自 2001 年以来,江苏省各级人民法院判处未成年罪犯 16278 名,重新犯罪率不足 1‰,反映出少年法庭的良好效果。江苏省各级法院的工作经验在于,争取法定代理人的积极配合,特邀共青团、工会、妇联、教育等部门的人员及离退休干部担任陪审员,共同参与对少年罪犯的审判、矫治。② 2007年,周道鸾通过北京、上海、南京、苏州等地的实地调研,对我国少年法庭的基本情况做了摸底。调查的基本结论包括:"指定管辖"的试点获得地方法院的认同,在稳定机构、保证案源、量刑平衡等方面具有积极作用;最高人民法院修订《关于审理未成年人刑事案件的若干规定》所规定的庭前(审前)社会调查制度,得到地方法院的贯彻落实;刑事和解制度与社区矫正方案相结合,成为少年法庭发展的新动向;在少年司法中引入刑事和解制度,有助于修复未成年人犯罪所侵害的法益;受案范围是否包含未成年人的民事和行政案件,尚有争议。③ 2008 年,最高人民法院研究室组织召开"全国法院少年法庭工作座谈会",会议明确少年法庭改革是人民法院改革任务的重要内容。④ 学界的研讨已经不局限于审判庭建制意义上的少年法庭,而认为设立少年法院是改革和完

①张伟东,田梦华:《少年法庭审理未成年人犯罪案件的积极探索》,载《中国法律》2003 年第 1 期。
②卢路生:《充分发挥少年法庭的职能优势》,载《法学杂志》2005 年第 6 期。
③周道鸾:《中国少年法庭制度的发展与完善——苏、沪少年法庭制度调查报告》,载《青少年犯罪问题》2007 年第 6 期。
④王运声:《少年审判功德无量——全国法院少年法庭工作座谈会综述》,载《中国审判》2008 年第 8 期。

善少年司法制度在组织上的重要保证。① 实务界的法官提出少年法庭面临的五大问题:工作理念偏差、审判管辖不一、编制设置阻碍、中院作用薄弱、社会整合困难。② 翁跃强和雷小政基于浙江省永康市"未成年人取保候审和酌定不起诉实验研究"的实证材料,系统呈现了基层法院未成年人刑事司法的基本程序,并提出我国少年法庭的建构应当积累经验,在符合条件的地区推开,切忌"一刀切"。③

2014 年,全国法院少年法庭三十年座谈会召开,最高人民法院周强院长在讲话中提出,"不断健全、完善少年法庭工作制度机制,促进形成系统完备、科学规范、运行有效的中国特色社会主义少年司法制度体系"④。近年来,少年法庭的受案范围成为讨论的焦点,⑤未来可能的发展模式有三种,即少年审判与家事审判合并发展模式(纳入涉少家事案件)、坚持未成年人案件综合审判模式(独立建制的未成年人综合审判庭)、成立青少年案件审判庭(纳入 18—20 周岁青年人犯罪案件)。⑥ 与此同时,少年法庭本身面临一系列问题,例如,2016 年最高人民法院开展家事审判试点工作,家事审判与少年法庭综合审判业务出现交叉重合;员额制改革后,案件数量成为法官考核的指标,少年法庭的工作中的

① 周道鸾:《对改革和完善少年法庭制度的思考》,载《人民司法》2008 年第 5 期。
② 秦明华,王列宾:《少年法庭运作机制的现实困境与完善——以中级法院和基层法院为视角》,载《青少年犯罪研究》2010 年第 2 期。
③ 翁跃强,雷小政主编:《未成年人刑事司法程序研究》,北京:中国检察出版社 2010 年版,第 174 页。
④ 刘子阳:《全国法院少年法庭三十年座谈会召开》,载《法制日报》2014 年 11 月 26 日,第 1 版。
⑤ 牛凯:《少年法庭的成绩、问题和出路》,载《人民法治》2016 年第 2 期。
⑥ 胡云腾:《论全面依法治国背景下少年法庭的改革与发展——基于域外少年司法制度比较研究》,载《中国青年社会科学》2016 年第 1 期。

社会调查、心理辅导和回访帮教工作未能在考核指标中体现；在新的法治环境下，公安、检察、司法、行政机关和教育部门，都参与未成年人的法治宣传，少年法庭如何与上述机构进行职能分工，也成为新问题。[1] 最新的研究还对制定独立的少年法典提出构想，试图从实体法、程序法和组织法相结合的角度，起草专门的未成年人犯罪、严重不良行为的规范体系。[2] 甚至认为"只有制定独立的少年法，少年司法制度才有存在的根据，我国的少年司法制度才能构建起来"[3]，当然，这些观点有待商榷。

虽然上述研究现状的梳理以少年法庭为中心，但事实上，学界对未成年人犯罪的专题研究也往往绕不开少年法庭的相关问题。例如，贾宇等学者基于刑事一体化思想，对未成年人犯罪的刑事司法制度进行研究，提出我国未成年人刑事司法的基本原则，包括双向保护原则，预防为主、减少司法干预原则，教育为主、惩罚为辅原则，迅速简约原则，全面调查原则以及分案处理原则。[4] 这些具有关联性的成果，本研究在论证具体问题时，加以关注和吸收，在此不再赘言。

## (四)小结

1984 年上海市长宁区人民法院开创了我国少年法庭的实践，对其研究从 20 世纪 80 年代的介绍国外制度，经过 90 年代的

---

[1] 张立勇：《关于少年法庭发展道路问题的思考》，载《人民法院报》2017 年 3 月 1 日，第 5 版。

[2] 牛凯：《少年法庭改革的发展方向》，载《人民法院报》2018 年 7 月 11 日，第 5 版。

[3] 于国旦，许健身：《少年司法制度理论与实务》，北京：中国人民公安大学出版社 2012 年版，第 71 页。

[4] 贾宇等：《未成年人犯罪的刑事司法制度研究》，北京：知识产权出版社 2015 年版，第 34—42 页。

创设构想,已经进入反思和完善的阶段。无论学术界还是实务界,已经取得的基本共识是"历久弥新、利在千秋"①,即少年法庭是中国特色社会主义法治体系的一个组成部分,也是近年来全方位、系统性司法体制改革的一个节点。

但是,既有的研究成果和改革实践,始终处于"尝试"阶段,中国特色社会主义少年法庭的未来图景并不清晰。究其根本,"少年法庭的改革发展始终没有一个经过充分论证的规划方案和具体的实施步骤、措施,这不能不说是少年法庭改革发展中的一大缺憾"②。从这个意义上说,少年法庭的发展战略依然是一个值得研究的学理问题,其价值更在于为我国的少年司法实践提供参考和支撑。

## 二、研究方法

少年法庭的研究定位于法学的学科范畴,就法学而言,"其为人类切身之需要,固较其他科学为甚。而其变化之错综复杂,又比其他科学为甚。欲达于成功,使其能适用人类生活之需要,自更须有适当之研究方法也"③。鉴于此,本研究有必要对研究方法作一个交代。

### (一)规范分析的方法

法学是关于规范的学问,规范分析的方法是法学研究最主要的方法。"规范分析作为一种法学方法,其基本的出发点在于通

①牛凯:《少年司法,历久弥新,利在千秋》,载《人民法院报》2017 年 7 月 26 日,第 5 版。
②颜茂昆:《关于深化少年法庭改革若干问题的思考》,载《法律适用》2017 年第 19 期。
③李肇伟:《法理学》,台北:东亚照相制版厂 1979 年版,第 41 页。

过法律规范和其可能效力之间的关系对照和比较,发现法律之所以能对人们起到规范作用的内在奥秘,并进一步解决法律自身存在的一般机理"①。

在全面深化依法治国的新时代,少年法庭的机构设置和职能变迁,必须依法推进。在少年法庭的探索与实践过程中,从中央到地方有立法权和法律解释权的国家机关出台了大量规范性文件。具有针对性的包括:1991 年最高人民法院颁布《关于办理少年刑事案件的若干规定(试行)》(法研发〔1991〕7 号),对建立和完善少年刑事审判制度做了全面的规定;随后最高人民法院联合国家教育委员会、共青团中央委员会、中华全国总工会、中华全国妇女联合会颁布《关于审理少年刑事案件聘请特邀陪审员的联合通知》(法研发〔1991〕12 号),联合最高人民检察院、公安部、司法部发布《关于办理少年刑事案件建立互相配套工作体系的通知》(法研发〔1991〕17 号),为少年法庭与相关机关(机构)的对接提供法律依据。具有相关性的包括:《宪法》《未成年人保护法》《预防未成年人犯罪法》《反家庭暴力法》等涉及未成年人保护的宪法和法律,《法律援助条例》《看守所条例》等涉及未成年人参与司法活动的行政法规,最高人民法院《关于审理未成年人刑事案件具体应用法律若干问题的解释》(法释〔2006〕1 号)、最高人民检察院《人民检察院办理未成年人刑事案件的规定》(高检发研字〔2007〕1 号)等涉及未成年人刑事审判的司法解释。这一系列规范性文件构成我国少年法庭的组织法和行为法基础。

本研究在讨论具体问题时,将通过引述上述规范性文件,进行学理解释,具体包括:(1)对相关法律概念进行文义诠释,例如,从文义上确定少年法庭的边界,厘定少年法庭与家事法庭、少年

---

① 喻中:《法学方法论视野中的规范分析方法及其哲学基础》,载《新疆社会科学》2004 年第 3 期。

法院等相关概念的关系,从而明确少年法庭的受案范围。(2)对相关法律规则进行逻辑解读,例如,《关于办理少年刑事案件的若干规定(试行)》第四十八条第 2 款规定,判处自由刑的少年罪犯,少年法庭应适时走访其父母或者其他监护人,据此,庭外工作是少年法庭的法定义务,那么,在法官考核体系中,应当纳入庭外工作的绩效指标。(3)对相关法律规范出台的背景加以历史分析,例如,少年法庭在我国的诞生有其特定的社会治理背景,20 世纪90 年代颁布的规范性文件普遍带有时代特征,并为少年法庭注入最初的基因,社会治理环境发生了变化,这些既有的文件需要与时俱进地加以修改和完善。

### (二)社会调查的方法

新分析实证主义法哲学家拉兹(Joseph Raz)指出:"每一个法律制度必然有规范的作用,也总会有社会的作用。把规范的作用归于法是根据法的规范性;把社会作用归于法是根据法所具有的或预期的社会效果。"[①]少年法庭的社会效果决定了本研究离不开社会调查的实证分析,将少年法庭设置的理论问题还原到现实的社会需求,获得感性的知识和经验的验证,将应然的设想与实然的诉求结合起来,揭示少年法庭可能的发展进路。

本研究主要采用了问卷调查的方法。首先,根据研究的需要,设计了一份《关于设置少年法庭的调查》样卷,邀请法学专业的硕士研究生进行填写,对填写过程中反映的词不达意、语言歧义等问题,予以纠正,确定最终的问卷。其次,确定合适的调查对

①张文显:《二十世纪西方法哲学思潮研究》,北京:中国政法大学出版社2006 年版,第 85 页。

象,因为少年法庭是一个非常专业的司法体制改革问题,对社会民众而言是一个陌生的事物,如果开展全样本调查则难以保证调查的信度。因此,本研究将问卷录入"问卷星"①系统,通过微信转发网络链接,定向投放给法律专业群体,包括法院系统工作人员、检察院系统工作人员、律师事务所工作人员、高校或科研机构工作人员、在校的法学专业学生,填写的开放时间为 2017 年 12 月 26 日至 2018 年 1 月 6 日。最后,通过问卷星系统进行统计,对调研数据加以分析。

问卷调查一共收集有效样本 387 份,其中男性被调查者 180 人(占 46.51%),女性被调查者 207 人(占 53.49%);通过手机提交 383 份(占 98.97%),通过网络链接提交 4 份(占 1.03%);被调查者的地理位置涵盖北京、浙江、贵州、江西等 27 个省、市、自治区(见图 0.1)以及国外地区。从分布情况看,基本上涵盖全国主要地区,其结论具有一定的普遍性。

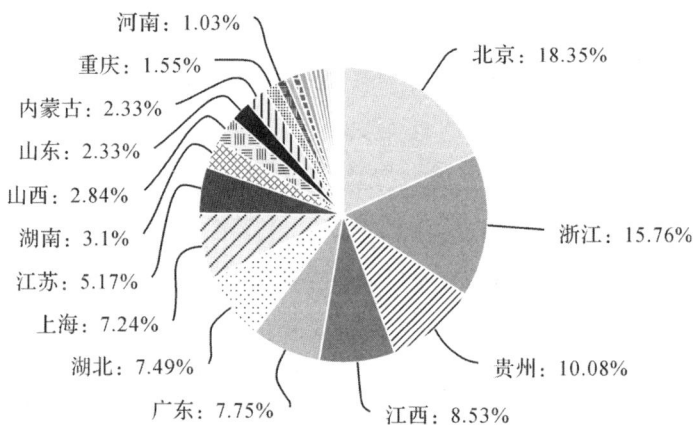

**图 0.1 问卷调查填写者的地域分布图**

---

①问卷星(https://www.wjx.cn/)由长沙冉星信息科技有限公司运营管理,系国内最早的在线问卷调查、考试和投票平台,因操作方便、功能齐全、统计自动等优势,获得较高的认可度。

此外,笔者在博士后在站期间,基于中华司法研究会、中国应用法学大讲堂、中国应用法学博士后论坛等平台,以及中国应用法学研究所组织的调研,就本研究相关的问题与学者和法官开展了咨询与交流,形成一些感性的想法,对研究对象的本质、特征、存在形态和发展趋势形成基本看法。

### (三)跨学科的方法

少年法庭之所以成为一个独立的命题加以研究,其原因在于未成年人不同于成年人的特殊性。因此,讨论少年法庭相关法律问题,势必绕不开对未成年人的研究,而后者超越了法学研究的传统范式和基本方法,据此,本研究在开展的过程中,借鉴吸收了关联学科的研究思路。

其一,心理学。近年来,随着脑成像技术的问世,心理学对人的发展尤其是对大脑的研究取得突破性进展。虽然儿童在 6 岁时,脑在体量上已经达到成年人的 90％—95％,但青春期和成年早期(即 20—30 周岁之间),大脑的髓鞘化进程不断发展,呈现出"边用边发展"的现象。例如,调节奖赏行为的右脑腹侧纹状体会发生变化,促使青少年更倾向于高奖励、高危险的行为;胼胝体、松果体乃至小脑都会发生变化,影响其语言、认知、运动、情绪控制等诸多功能。[1] 从这个意义上说,适用于成年人的诉讼机制,是否可以同样有效或合理地适用于未成年人,就成为一个值得商榷的命题,甚至建立在自由意志基础上的整个制度框架,都面临认知神经科学提出的新挑战。本研究在讨论具体问题时,会吸收和采纳心理学的研究思路,并以此作为说理的科学依据。

---

[1]经济合作与发展组织编:《理解脑:新的学习科学的诞生》,周佳仙等译,北京:教育科学出版社 2010 年版,第 38—39 页。

其二,社会学。从目前的制度框架和实践模式来看,少年法庭工作的内涵是人民法院设立专门的机构,配备专门的人员,从事涉及未成年人的以刑事案件为主的审判活动,但其外延包括家庭、社区、学校乃至全社会的参与和协调。在 2017 年加强少年司法专题座谈会上,最高人民法院院长周强强调:"要坚持以人民呼声为第一信号,积极回应群众对少年司法工作的关切和需要。"①因此,在构建中国特色少年法庭时,应当吸收、采纳和回应社会对制度的需要。本研究在开展规范研究的过程中,将少年法庭建设视为"一项巨大的社会工程任务"②。社会学关于未成年人塑造成合格社会成员的发展模型,未成年人在社会结构中的行为模式,未成年人失范行为的环境作用等理论视角和研究进路,都将在方法上指引乃至推进本研究的开展。

## (四)比较法的方法

比较法的方法是法学研究所惯常选择的方法,将不同国家之间的法律以及法律现象作比较分析,提炼出法治发展的内在规律,探寻值得相互借鉴和吸收的知识。在美国,1899 年 7 月 1 日,伊利诺伊州设立了第一个少年法庭,开启了为未成年人单独设置法庭的实践;在 1967 年"高尔特案"的裁判中,联邦最高法院将少年法院从社会福利机构转变成更为正式的法律机构;1974 年国会通过《少年司法与少年越轨预防法》(*Juvenile Justice and Delinquency Prevention Act*),旨在减少对未成年人的监禁式管理。在欧洲,包括英国、瑞典、德国在内的大多数国家建立起青少

---

① 罗书臻:《加强少年司法,保护未成年人健康成长》,载《人民法院报》2017 年 5 月 26 日,第 1 版。

② [美]庞德:《通过法律的社会控制》,沈宗灵译,北京:商务印书馆 2010 年版,第 10 页。

年犯罪被害人—加害人调解制度,并被认为是预防犯罪、增进公民安全感、实现教育性目标的重要工具。这些国家以及地区在少年法庭领域的实践经验,能够为我国的机构建设和制度完善提供可资参考的样本。因此,本研究将采用比较法的方法,考察少年法庭的国外样态,提供国外素材,认识人类社会法律的共性。

第一章

# 少年法庭的正当性基础

纵观整个人类社会,任何一项制度的诞生、发展和完善总有其相应的社会基础。马克思将其归结于物质资料的生产方式,并建立历史唯物主义,使之成为分析问题、解决问题的思想武器。从总体上来说,只有经济社会发展到相当的程度,人们才会关注到与成年人有所不同的未成年人世界,进而设计、建立和改进适用于未成年人的司法制度。当然,在经济基础决定上层建筑的一般原理框架之中,少年法庭的机构成长与制度创设还有其独特的社会基础,这些作为基础的素材正在推动少年司法成为"一门学问"。①

本研究首先从道义层面的价值正当性维度,讨论设置少年法庭的必要性和可行性,为后面具体问题的展开提供理论预设。正当性问题是法哲学和政治哲学的基本范畴之一,其最核心的意思是,当政府或统治者符合某种基准,并因此而获得人们的尊重,那么这种治理或统治模式就具备正当性。文艺复兴和启蒙运动以来的祛魅,将传统的"神圣形象"(无论是自然神还是上帝)为人类自身所取代,"君权神授"失去令人信服的基础,国家的统治需要一种服从的基础,这就引申出正当性问题。"如果某一社会中的公民都愿意遵守当权者制定和实施的法规,而且还不仅仅是因为若不遵守就会受到惩处,而是因为他们确信遵守是应该的,那么,这个政治权威就是合法的。"②在马克斯·韦伯那里,正当性被区

---

① 牛凯:《少年司法,历久弥新,利在千秋》,载《人民法院报》2017年7月26日,第5版。

② [美]加布里埃尔·A.阿尔蒙德,小G.宾厄姆·鲍威尔:《比较政治学:体系、过程和政策》,曹沛霖等译,上海:上海译文出版社1987年版,第35—36页。

分为三种：其一，传统型的正当统治，即"根据悠久规则与权力谱系的神圣性而要求得到正当性和信仰"，典型的是父权制和家族统治；其二，克里斯玛型的正当统治，即以"对某个个人的罕见神性、英雄品质或者典范特征以及对他所启示或创立的规范模式或秩序（超凡魅力型权威）的忠诚"作为统治的基础，典型的是基于献身精神或英雄业绩而建立起来的统治；其三，法理型的正当统治，"就合法权威的情况而言，服从的对象就是法定的非人格秩序"，统治的基础就转向价值理性和法律规则。[①]

事实上，正当性包含两个层面的主题：在理性的层面，正当性建立在道德的价值基础之上，必须合乎某种客观标准；在经验的层面，正当性建立在人们服从的基础之上。在当下的话语体系中，权利是一种能够连接应然道德价值和实然法律秩序的话语，国家统治的正当性可以简约地表述为"国家尊重和保障人权"（《宪法》第三十三条第 3 款）。因此，少年法庭作为国家机器的组成部分，其存在的理由就可以从儿童权利的维度找到正当性基础。

## 一、儿童权利的心理学基础

客观的物质世界决定着法权结构的样式和变迁。儿童权利之所以能够从一般意义上的权利中独立出来，其原因在于作为权利主体的未成年人区别于一般成年人。如果说儿童权利的独特性决定了少年法庭设置的正当性，那么，未成年人自身的特殊性又决定了儿童权利的独特性。发展心理学特别是儿童发展心理学的理论，展示了未成年人有别于成年人的客观现象。

---

① ［德］马克斯·韦伯：《经济与社会》（第一卷），阎克文译，上海：上海人民出版社 2010 年版。

### (一)精神分析理论

精神分析理论的诞生标志着发展心理学的成熟,其基本观点是人的发展要经历若干阶段,"每个阶段人都要面临生物内驱力与社会期望间的冲突。这些冲突的解决方式决定了人的学习能力、人际能力及应对焦虑的能力"[①]。西格蒙德·弗洛伊德(Sigmund Freud)和埃里克·埃里克森(Erik Erikson)是精神分析理论的奠基人。

西格蒙德·弗洛伊德的心理性欲阶段模型将人的发展过程分为口唇期(出生至 1 岁)、肛门期(1—3 岁)、性器期(3—6 岁)、潜伏期(6—11 岁)和生殖期(青少年期)等阶段,其中后两个阶段对于人格结构的发展,在重要性上不及从出生到 6 岁的阶段。一般认为,西格蒙德·弗洛伊德的模型建立在对成年病人的推断上,而弗洛伊德本人却很少研究未成年人,他的女儿安娜·弗洛伊德(Anna Freud)致力于将该模型应用于对儿童的治疗中,提出"青春期的正常是通过不正常表现的"著名观点。

埃里克森对心理性欲阶段模型进行了深化和拓展,提出心理社会理论,"强调自我(人格中可意识到的理性部分——引者注)并不仅仅是在本我(基本生理需求的满足)冲动和超我(良心和对社会价值观的遵从)要求之间进行调解。在每一个发展阶段,自我都会习得一些态度和技能,使个体成为积极的、有贡献的社会成员"[②]。弗洛伊德将发展阶段的划分对接到性欲,而埃里克森则强调发展与社会文化环境的关联性。

---

① [美]劳拉·E.伯克:《伯克毕生发展心理学》,陈会昌译,北京:中国人民大学出版社 2014 年版,第 15 页。

② [美]劳拉·E.伯克:《伯克毕生发展心理学》,陈会昌译,北京:中国人民大学出版社 2014 年版,第 16 页。

　　综合弗洛伊德的心理性欲阶段模型和埃里克森的心理社会阶段模型,可以将人的发展过程划分为 8 个阶段(见表 1.1)。①人在心理发展过程中,从出生到 11 岁的阶段,大抵是在父母家人的监护下,在探知周边环境的过程中,逐步掌握认识世界的技能和方法。随后的青春期进入"人为自然立法"的阶段,但伴随着自我意识的觉醒,人与环境的冲突会变得更加明显。这个过程是人的主体性发现的过程,也是个体成长的关键阶段。瑞士的一项跟踪研究显示,早期有攻击性行为和多动症的儿童与其成年后的犯罪记录存在统计上的相关性。另外,早期社会适应不良也与其他成人社会适应问题(比如酗酒和需要心理治疗)有密切的联系。②

　　值得注意的是,从青春期开始的这种不断完善状态一直会持续到成年中期,伴随着家庭建立,尤其是子女的出生,整个人生获得某种程度的安定,最终慢慢走向终老。换句话说,青春期与成年早期有着内在的联系,在工业革命之前,青春期与成年早期是高度重合的。随着人均寿命的延长和平均结婚年龄的推后,成年早期与青春期的边界逐步清晰起来,性成熟是青春期的首要标志,而心理成熟则要延续到成年早期。

---

① [美]范德赞登等:《人类发展》,俞国良等译,雷雳等审校,北京:中国人民大学出版社 2010 年版,第 45 页;[美]费尔德曼:《儿童发展心理学:费尔德曼带你开启孩子的成长之旅》,苏彦捷等译,北京:机械工业出版社 2015 年版,第 17 页;[美]贝克:《儿童发展》,吴颖等译,南京:江苏教育出版社 2002 年版,第 23 页。

② [美]格里格,津巴多:《心理学与生活》,王垒等译,北京:人民邮电出版社 2003 年版,第 311 页。

表 1.1 精神分析的心理发展阶段

| 心理社会阶段 | 心理性欲阶段 | 大致年龄 | 表现方式 |
|---|---|---|---|
| 信任—不信任 | 口腔期 | 出生—1 岁 | 积极:从环境支持中感受到信任<br>消极:对他人产生恐惧与担忧 |
| 自主—羞怯怀疑 | 肛门期 | 1—3 岁 | 积极:形成自主选择和决定意愿<br>消极:怀疑自己与缺乏独立性 |
| 主动—愧疚感 | 性器期 | 3—6 岁 | 积极:发现主动采取行动的方法<br>消极:对行动和想法感到愧疚 |
| 勤奋—自卑 | 潜伏期 | 6—11 岁 | 积极:形成操纵感和成就感<br>消极:由同伴带来的自卑感 |
| 自我认同—角色混乱 | 生殖期 | 青少年期 | 积极:意识到自我的独特性<br>消极:无法识别生活中适当的角色 |
| 亲密友爱—孤独疏离 | | 成年早期 | 积极:形成爱意关系和性关系<br>消极:对与他人的关系感到恐惧 |
| 繁衍—停滞 | | 成年中期 | 积极:组建家庭与延续生命<br>消极:活动的平凡化 |
| 完美—绝望 | | 成年晚期 | 积极:对个人成就的统一感<br>消极:后悔生命中错过的机遇 |

## (二)认知发展理论

瑞士儿童心理学家皮亚杰(Jean Piaget)倡导的认知发展理论,摆脱了遗传论与环境论之争。前者强调遗传基因决定人的认知水平和行为方式;后者认为外部环境是人发展的决定性因素,人的行为是对外部环境的模仿和反应。皮亚杰将人的发展归结于主体(内因)和客体(外因)相互作用的结果。人的智力是能动的,会随着自身有机体的成长和外部环境的刺激在结构和功能上发生变化。

皮亚杰将人的认知发展分为 4 个阶段(见表 1.2),它们所跨越的年龄范围从出生直到整个青少年期。认知是生物组织内发生的作用，并且始终是一个适应过程，即它的机能使生物对环境的适应成为可能。从这个意义上说，认知的发展在整个成年阶段仍然继续，所以最后一个阶段的终点并不固定。[①]

表 1.2　皮亚杰的认知发展阶段

| 阶段 | 大致年龄 | 重要的认知收获 | 重要的认知局限 |
| --- | --- | --- | --- |
| 感知运动阶段 | 出生至 2 岁 | 客体永久图式 | 自我中心主义：缺乏区分自我和外部刺激世界的能力 |
| 前运算阶段 | 2 岁至 7 岁 | 表征系统：针对例子、语言、符号游戏和延迟限制等的符号化机能 | 自我中心主义：缺乏区分符号和客体的能力，缺乏守恒能力 |
| 具体运算阶段 | 7 岁至 12 岁 | 表现出独立于经验的想法（可逆的、内化的动作）的能力，守恒能力 | 自我中心主义：缺乏区分关于现实的想法和实际的现实经验的能力 |
| 形式运算阶段 | ≥12 岁 | 进行假设的、反事实的和命题性思考的能力 | 自我中心主义：假想观众，个人神话 |

形式运算阶段的长期性获得科学证据的证明。随着认知神经科学的发展，青春期所表现出来的特殊性和独立性，被认为是大脑变化的结果。虽然在未成年人的性成熟指标中，男孩的发育阶段位于 12—18 岁之间，女孩的发育阶段位于 11—16 岁之间，但是大脑的成长则要晚得多。"在青春期阶段，前额叶迅速发育，但直到二十几岁，才能完全发育成熟。前额叶是个体以人类特有的方式进行思考、评价和做出复杂决策的脑区。"[②]正是由于青春期前额叶的发育不完全，青少年才常常做出一些反社会的行为。

---

[①]［美］理查德·勒纳：《人类发展的概念与理论》，张文新主译，北京：北京大学出版社 2011 年版，第 458 页。

[②]［美］费尔德曼：《儿童发展心理学：费尔德曼带你开启孩子的成长之旅》，苏彦捷等译，北京：机械工业出版社 2015 年版，第 288 页。

随着年龄的增长,那些由灰质组成的、非必要的神经元将以每年 1%—2% 的速度消失,取而代之的是白质的增加。神经科学家通过检查不同年龄阶段死者的大脑,发现对神经元之间的连接起关键作用的树突棘从出生到儿童期一直增长,到达青春期时开始发生大规模削减,而这种削减直到 30 岁左右才停止。[①] 大脑的各向异性指数(Fractional anisotropy,反映白质密度、髓鞘化程度的一个指标)呈现的是非线性变化,大部分脑区的白质束从儿童期开始增强,在 20 岁左右达到最高值并开始下降,但是也有的白质在 30 岁仍然继续增长,白质的总体积也一直增加,直到 30 岁左右。[②] 当额叶中包含更多白质时,个体会更好地控制冲动,对行为后果的预测能力也随之加强。从这个意义上说,未成年人的大脑结构与成年人的差异决定了未成年人的认知和行为能力弱于成年人,而且,皮亚杰认知发展理论的"形式运算阶段"将从12 岁一直延续到 25 甚至 30 岁。

在司法实践中,国外法院在判决中开始尊重认知神经科学对大脑的研究结论。例如,在 Roper v. Simmons(2005)案中,美国医学会和心理学会出具的报告表明,大脑前额皮质神经元的髓鞘完全形成年龄是在 18—25 岁,青少年的大脑并不成熟,以感性反应替代理性反应,联邦最高法院接纳了该结论,进而做出对 18 周岁以下青少年判处死刑是违宪的裁判。[③]

---

[①] Petanjek Z, Judaš M, Šimic G, et al.. Extraordinary Neoteny of Synaptic Spines in the Human Prefrontal Cortex, in Proceedings of the National Academy of Sciences, 108(32), 2011, pp. 13281-13286.

[②] Lebel C and Beaulieu C. Longitudinal Development of Human Brain Wiring Continues from Childhood into Adulthood, in The Journal of Neuroscience, 31 (30), 2011, pp. 10937-10947.

[③] Yang Y L, Glenn A L and Raine A. Brain Abnormalities in Antisocial Individuals: Implications for the Law, in Behavioral Sciences and the Law, Vol. 28, 2008, p. 78.

## (三)小结

未成年人在大脑结构上的发育不完全,决定了未成年人在认知能力和行为能力上的不足,同时,年龄的低幼又意味着未成年人与社会交互的经验不足。生理性的内因和环境性的外因共同决定了人类社会对未成年人的要求低于成年人。正如启蒙学者卢梭所说,"在万物的秩序中,人类有它的地位;在人生的秩序中,童年有它的地位;应当把成人看作成人,把孩子看作孩子"[1]。

"人类有它的地位"在法律话语中可以用"人权"来表达,在最一般的意义上,人权是人作为人应当享有的权利,表明人在世界秩序中的主体性地位。"童年有它的地位"在人权话语中可以推演出"儿童权利"范畴,即儿童应当享有作为儿童的权利,即特异于普遍人权的特殊群体的权利。

基于心理学研究结论对未成年人诉讼权利给予特殊考虑,不仅是一个学术命题,更是民众的普遍观念。本研究的调查显示,就问题"您是否认为未成年人案件的审理有别于成年人案件的审理"的答案,97.15％的被调查者认为是(有区别),2.07％的被调查者认为否(无区别),0.78％的被调查者选择不清楚。该问题的答案与被调查者的职业类别进行交叉分析,可以看到更为凸显的倾向性结论(见表1.3)。法院系统工作人员(99.19％)、检察院系统工作人员(100％)和律师事务所工作人员(98.46％)高度认同未成年人案件审理的特殊性。

---

[1] [法]卢梭:《爱弥儿:论教育》(上卷),李平沤译,北京:人民教育出版社2001年版,第71页。

表 1.3 "未成年人案件的审理是否有别于成年人案件的审理"的调查数据

| 工作类别 | 是(有别) | 否(无区别) | 不清楚 | 小计 |
|---|---|---|---|---|
| 法院系统工作人员 | 123(99.19%) | 1(0.81%) | 0(0%) | 124 |
| 检察院系统工作人员 | 15(100%) | 0(0%) | 0(0%) | 15 |
| 律师事务所工作人员 | 64(98.46%) | 1(1.54%) | 0(0%) | 65 |
| 高校或科研机构工作人员 | 37(97.37%) | 1(2.63%) | 0(0%) | 38 |
| 在校学生 | 43(97.73%) | 0(0%) | 1(2.27%) | 44 |
| 其他 | 94(93.07%) | 5(4.95%) | 2(1.98%) | 101 |

更进一步,本研究为了探知被调查者能否设身处地对未成年人案件给予特别考虑,设计了问题"当您(将来)遇到未成年人案件,您是否认为您会更加用心地对待和处理"。97.67%的被调查者持肯定意见,0.78%的被调查者持否定意见,1.55%的受访者选择不清楚。该问题的答案与被调查者的职业类别进行交叉分析,也可以看到更为凸显的倾向性结论(见表1.4)。直接从事司法实务的工作人员持肯定性意见的非常高,在校学生100%表示肯定,从一定意义上代表未来的趋势。

表 1.4 "是否会更加用心地对待和处理未成年人案件"的调查数据

| 工作类别 | 是 | 否 | 不清楚 | 小计 |
|---|---|---|---|---|
| 法院系统工作人员 | 121(97.58%) | 1(0.81%) | 2(1.61%) | 124 |
| 检察院系统工作人员 | 15(100%) | 0(0%) | 0(0%) | 15 |
| 律师事务所工作人员 | 65(100%) | 0(0%) | 0(0%) | 65 |
| 高校或科研机构工作人员 | 37(97.37%) | 0(0%) | 1(2.63%) | 38 |
| 在校学生 | 44(100%) | 0(0%) | 0(0%) | 44 |
| 其他 | 96(95.05%) | 2(1.98%) | 3(2.97%) | 101 |

另外,从心理学的研究结论看,虽然儿童权利大多限定于未满18周岁的未成年人,但是,随着人均寿命的延长,学校教育年限的增加,以及结婚年龄的延迟,成年早期变得凸显起来。经历

了青春期身体的显著变化后,成年后的最初几年在生理上显得风平浪静,但发展仍在继续。例如,关节功能和肌肉强度通常在 20 多岁达到顶峰。同样,性成熟的年龄在提前,早熟的未成年人虽然身体成熟了,但其社会适应能力和认知水平远远没有达到成年人的状态。这些变化是现行儿童权利体系尚未包含的,但本研究认为应当加以考虑。

## 二、儿童权利的国际共识

资产阶级革命开启现代国家的先河,形成以民族国家为表征的世界格局。到了 20 世纪初期,一方面,国家竞争升级为战争,如两次世界大战;另一方面,国际合作演变成国际秩序,如联合国的诞生。在此背景下,儿童权利也逐步为国际社会所承认和重视,最终以《儿童权利公约》的形式达成国际共识,进而成为少年法庭权利正当性的基础。

### (一)儿童权利的国际法演变

联合国文件中的措辞一般将 1924 年的《日内瓦儿童权利宣言》认定为第一份儿童权利的国际文书。[①] 这是国际联盟各成员国通过的政府机构批准的第一份儿童权利文件。联合国成立后,1948 年《世界人权宣言》第 25 条第 2 款规定儿童获得特别照顾和协助的权利,而且无论婚生与否同样获得社会保护。1959 年联合国大会通过第 1386 号(XIV)号决议,出台《儿童权利宣言》,确立了儿童权利保护的 10 个原则,包括平等权、儿童利益最大、姓

①参见《促进和保护意见表达自由权问题特别报告员的报告》,联合国文号 A/69/335,2014 年 8 月 21 日。

名和国籍、健康成长和发展、(身心不正常儿童的)特殊照顾、父母照护、受教育权、优先保护、免予剥削、国际宽容和谅解。从这 10 个原则的措辞看,这个文件虽然表达了国际社会对儿童权利的关切,但并不具有国际法上的强制约束力。

在 1966 年的国际人权两公约中,《公民权利和政治权利国际公约》第 24 条专门针对儿童的未成年地位,规定儿童获得家庭、社会和国家必要保护的权利,以及姓名权和取得国籍的权利。"它保证的是儿童的家庭、社会和国家通过必要手段给予保护的一种权利。"①《经济、社会、文化权利国际公约》第 10 条通过保护家庭来强调照顾和教育未独立儿童的重要性,尤其是未成年人免受经济和社会剥削的自由(即禁止童工)。国际人权两公约对儿童权利的概括性表述,将儿童权利纳入国际强行法的领域。

1978 年,波兰的亚当·洛帕萨教授(Adam Lopatka,后为公约起草工作组主席)在联合国人权事务委员会(2006 年升级为人权理事会)会议上倡议起草一项保护儿童权利的公约,并获得联合国大会的首肯。历经 10 年的准备工作,人权事务委员会完成文本的起草工作,通过经济和社会理事会提交联合国大会表决。1989 年 11 月 20 日,联合国大会第 44/25 号决议通过《儿童权利公约》并开放给各国签字、批准和加入,根据《公约》②第 49 条规定(20 个国家批准或加入),该公约于 1990 年 9 月 2 日生效。

《儿童权利公约》的生效,标志着具有国际法约束力的儿童权利保护系统得以建立。随后,联合国大会第 54/263 号决议通过了《公约》的两个任择议定书,分别涉及儿童卷入武装冲突问题以及买卖儿童、儿童卖淫和儿童色情制品问题。

---

①[奥]诺瓦克:《民权公约评注:联合国〈公民权利和政治权利国际公约〉》,毕小青等译,北京:生活·读书·新知三联书店 2003 年版,第 418 页。
②本章中的《公约》如无特别说明,均指《儿童权利公约》。

## （二）儿童权利保护的一般原则

儿童权利委员会（Committee on the Rights of the Child）在 2003 年 9 月 19 日—10 月 3 日的第 34 次会议中通过了第 5 号一般性意见《执行〈儿童权利公约〉（第 4、42 和 44 条第 6 款）的一般措施》。该文件第 12 段指出："整个政府、议会和司法机构必须孕育一种儿童权利观点，方可全面而有效地执行《公约》，尤其是按照委员会所明确为一般原则的《公约》下列条款行事。"[1]从这段表述可知，《公约》在文本上设计了若干条款作为儿童权利保护的基本原则，这些原则成为国际社会对儿童权利的最低限度共识。

第一，无差别原则。《公约》第 2 条规定，"缔约国有义务尊重本《公约》所载列的权利，并确保其管辖范围内的每一儿童均享受此种权利，不应有任何差别"。即便存在国别和实际上的差异，人权的普遍性仍被认为是人权的基本特征之一。"人权是一种特殊的权利，一个人之所以拥有这种权利，仅仅因为他是人。"[2]联合国下属的各个人权机构（包括经济和社会理事会、人权理事会、儿童权利委员会等）皆赞同并主张"不得歧视、法律面前平等以及法律的无所歧视的平等保护，是保护人权的基本而普遍的原则"[3]。可以说任何一份国际人权文件都表达了对基于种族、肤色、性别、语言、宗教、国籍、财产、出生等歧视理由的禁止和谴责。就儿童

---

① 《执行〈儿童权利公约〉（第 4、42 和 44 条第 6 款）的一般措施》，联合国文号：CRC/GC/2003/5，2003 年 11 月 27 日。

② ［美］唐纳利：《普遍人权的理论与实践》，王浦劬等译，北京：中国社会科学出版社 2001 年版，第 7 页。

③ 人权事务委员会《第 18 号一般性意见：不得歧视》，载《各人权条约机构通过的一般性意见和一般性建议汇编》，联合国文号：HRI/GEN/1/Rev.6，2003 年 5 月 12 日。

权利而言,作为特殊群体所享有的一项人权,儿童权利在该群体内应当获得普遍的尊重和保障。进一步说,儿童权利的无差别原则体现了国别差异缩小的努力,以及联合国对未成年人司法保护的规定,将对所有成员国产生指导性效力。

第二,儿童的最大利益原则。《公约》第 3 条第 1 款规定,"关于儿童的一切行动,均应以儿童的最大利益为一种首要考虑"。该原则要求政府、议会和司法机构都要采取积极措施,以确保儿童的最大利益获得优先考虑。在一个主权国家的日常生活中,包括法律在内的资源供给总是有限的,因此,议会的立法、政府的执法和司法机构的裁判总是面临利益分配的权衡取舍。在利益博弈的现实框架中,未成年人显然不具备足够的心智和能力参与成年人世界的利益角逐,《公约》就以强行法的形式做出原则性规定,当未成年人的利益与成年人的利益发生冲突时,公私主体在做出决断时,必须将未成年人的利益置于成年人的利益之前,以儿童的最大利益为原则采取行动。这项原则对于少年法庭的设置具有特别的意义,因为设置少年法庭势必增加司法成本和经济负担,如果以儿童的最大利益作为优先考虑的因素,那么,设置少年法庭所带来的额外负担就当然地被视为国家义务;反之,如果不以儿童的最大利益作为优先选择,那么,设置少年法庭的决策就会受到一系列因素的制约,而最终在利益权衡中被否决。

第三,儿童的生存与发展原则。《公约》第 6 条规定了"儿童固有的生命权"及"缔约国最大限度地确保儿童的存活与发展的义务"。儿童权利委员会敦促各缔约国确保儿童的生存与发展,并将发展理解为一项系统的工程,包括身体、智力、心理、道德和社会等各个维度的健康成长。在中国特色社会主义的人权话语中,"生存权和发展权是首要的人权,也是享有其他人权的基础;

没有生存权和发展权,其他一切人权均无从谈起"①。党的十九大报告提出到 2035 年"基本实现社会主义现代化","人民平等参与、平等发展权利得到充分保障"的战略目标。② 儿童的生存与发展原则既包括降低婴儿和儿童的死亡率,与脊髓灰质炎、疟疾、登革热等疾病斗争,提供营养丰富的食物和清洁的饮用水等生理物质层面的人权工作,还应当包括对失范、违法乃至犯罪的未成年人提供生存和发展的空间与机会。少年法庭在保护儿童权利的价值正当性方面,尤其是应当注意涉案未成年人的回归社会问题。

第四,儿童参与原则。根据《公约》第 12 条第 1 款规定,"儿童有权对影响到其本人的一切事项自由发表自己的意见,对这些意见应给以适当的看待。"虽然各国法律均将未成年人视为限制行为能力人,但儿童权利委员会呼吁《公约》缔约国严肃对待未成年人的意见,并根据未成年人的年龄和成熟程度而给予足够重视。《公约》第 12 条第 2 款进一步明确"儿童应特别享有机会在影响到儿童的任何司法和行政诉讼中阐述见解,以符合国家法律的诉讼规则的方式,直接或通过代表或适当机构陈述意见"。这个措辞涵盖非常广泛的法庭审理程序,包括离婚、监护、收养、更名、教育、国籍、难民在内的一切民事、行政和刑事诉讼。少年司法当然属于"影响到儿童的任何司法和行政诉讼"范畴,因此,少年司法的制度设计应当考虑未成年人的参与问题。

综上所述,无差别、最大利益、生存与发展、参与等四项关于儿童权利的一般原则,构成联合国对儿童权利保护的基本准则,也成为国际社会对儿童权利保护的最低限度共识。各主权国家,

---

① 中国人权研究会:《生存权和发展权是首要的基本人权》,载《人民日报》2005 年 6 月 27 日,第 9 版。

② 《党的十九大报告辅导读本》编写组编著:《党的十九大报告辅导读本》,北京:人民出版社 2017 年版,第 28 页。

由于经济发展水平、政治法律制度、风俗文化习惯各有不同,儿童权利的保护机制千差万别。但是,遵守四项一般原则成为主权国家涉及未成年人制度设计和实施的正当性基础,"最为广泛的看法是,人权是一种政治合法性标准;如果政府保护人权,那么,它们本身及其活动就是合法的"①。

## 三、儿童权利的内容谱系

在国际人权话语体系中,人权或以代际为标准分为三代人权,分别侧重于自由(消极权利)、平等(积极权利)和博爱(连带性权利);或以国际人权两公约为标准,分为公民权利和政治权利、经济社会和文化权利两大类。当然,"有一些权利横跨传统的二分法,在这些权利之间,存在着重要的紧密联系"②。从这个意义上讲,对人权开展谱系化的研究,更多的是侧重于叙述和研究的便利。究其根本,人权本是不可分割和让渡的一揽子权利,任何一项权利的减损均可构成对人权的侵害。基于上述考虑,本研究以《儿童权利公约》的文本为基准,将儿童权利划分为实体性和程序性两个类别,前者对应于实体法保护,后者对应于程序法保护,并与少年法庭的制度构建直接相关。

### (一)儿童的实体性权利

儿童的实体性权利是指《儿童权利公约》确认的由 18 岁以下主体享有的,通过实体法保障的利益。实体性权利直接事关未成

①[美]唐纳利:《普遍人权的理论与实践》,王浦劬等译,北京:中国社会科学出版社 2001 年版,第 10 页。
②[美]唐纳利:《普遍人权的理论与实践》,王浦劬等译,北京:中国社会科学出版社 2001 年版,第 36 页。

年人的生存状况,系《公约》的主体架构部分。

第一,生命权。《公约》第 6 条述及"儿童享有固有的生命权",对应于《公民权利和政治权利国际公约》第 6 条述及的"人人皆享有固有的生命权"。生命权是首要人权,生命的丧失直接意味着从权利主体变成客体。对儿童生命权的理解,不仅包括免予被任意杀害的权利,还应当包含消除诸如营养不良、疾病、武装冲突等对儿童生命构成威胁的因素。强调儿童的生命权,《公民权利和政治权利国际公约》还有一项绝对性的禁止义务是,"一个在未满 18 岁时犯有应判死刑之罪的人,即使在判决时他的年龄到了 18 岁或超过 18 岁,也不能判处死刑"[①]。这项规定直接影响主权国家的国内刑事立法,同样对少年法庭的审判活动加以量刑幅度的限定。

第二,人身权。《公约》第 7 条述及儿童的出生登记和获得姓名的权利,第 8 条述及儿童的国籍、姓名和家庭关系不受非法干扰的权利,第 9—11、18 条述及儿童免受与父母分离以及获得父母照护的权利,这些内容构成儿童的身份权;第 16 条述及儿童的隐私,第 19 条和第 28 条述及儿童免受身心暴力或体罚的权利,这些内容构成儿童的人格权。《公约》对儿童人身权所规定的内容,涉及少年法庭的有三项:(1)人身获得父母照护。《公约》宣告儿童不与父母分离的权利,旨在确保儿童能够获得父母的有效照护,并且父母有义务对儿童行使《公约》确认的权利对儿童给予适当的指导和指引,国家有义务通过立法和政策确保父母对儿童的养育和发展承担责任。那么,在少年法庭的审判,乃至对未成年犯罪嫌疑人的侦查、逮捕和羁押过程中,未成年当事人也应当获得父母的照护。(2)隐私获得特别保护。《公约》对儿童隐私的保

---

[①][奥]诺瓦克:《民权公约评注:联合国〈公民权利和政治权利国际公约〉》,毕小青等译,北京:生活·读书·新知三联书店,2003 年,第 122 页。

护是宽泛的,保护家庭、住宅、通信等各个领域的隐私免受非法干预,这是《公民权利和政治权利国际公约》所确立的基本人权在儿童群体中的适用。儿童权利委员会第 4 号一般性意见《在〈儿童权利公约〉框架内青少年的健康和发展》提出"必须在特别注意到隐私权的情况下,便利于青少年诉诸保证公平和适当程序的个人投诉体制以及司法和适当的非司法性补救机制","为了增强青少年的健康和发展,还应鼓励缔约国严格尊重青少年的隐私和保密权,包括关于就健康问题提供的规劝和咨询意见"等保护未成年人隐私的具体建议。① 据此,少年司法的制度设计也应当充分考虑未成年当事人的隐私保护问题,尤其是涉及刑事犯罪案件的相关信息。(3)免受非人道对待。《公约》要求缔约国采取立法、行政、社会和教育措施根除体罚和其他残忍的或有侮辱人格形式的处罚。在少年法庭日常业务开展过程中,针对未成年人的刑讯、变相刑讯、体罚、非人道对待,无论是作为司法裁判,还是国家机关工作人员的行为,都必须予以禁止。2003 年,儿童权利委员会在对新加坡提交国别报告的审查结论中,要求新加坡当局"包括警察局在内的所有少年犯拘押机构禁止使用包括鞭刑、笞刑和禁闭等体罚措施"②。

第三,自由权。《公约》第 12、13 条述及儿童享有发表言论的自由,第 14 条述及儿童享有思想、信仰和宗教的自由,第 15 条述及儿童享有结社及和平集会的自由,第 17 条述及儿童获得信息和资料的自由。这些条款侧重于公民基本的消极自由对儿童的意义,旨在为儿童自由成长并积极参与社会活动提

---

①《在〈儿童权利公约〉框架内青少年的健康和发展》,联合国文号:CRC/GC/2003/4,2003 年 7 月 1 日。

②Consideration of Reports Submitted by States Parties under Article 44 of the Convention,Concluding Observation Singapore,联合国文号:CRC/C/15/Add.220,27 October 2003.

供法治环境。由于这些自由与少年法庭并无直接关联，不作赘述。

第四，保健权。《公约》第 24、25 条述及儿童有权享有可达到最高标准的健康，并因此确立获得医疗、康复设施和保健服务的权利。这项权利的实现与国家的福利政策密切相关，广泛涉及医疗援助、初级保健、营养供给、清洁饮水、环境卫生、产妇保健、个人卫生、生育教育等一揽子措施。由于这项权利与少年法庭并无直接关联，不作赘述。

第五，受教育权。《公约》第 28、29 条述及儿童受教育的权利，第 31 条述及儿童休息、闲暇、游戏、娱乐、参加文化生活的权利。其中，受教育权遵循《经济、社会、文化权利国际公约》对教育权的基本要求，即义务教育的免费普及，高等教育的机会均等，以及职业教育、就业指导等广泛的内容，同时，受教育权还蕴含人权教育的内容，即"最充分地发展儿童的个性、才智和身心能力"（《公约》第 29 条第 1 款 a 项）。从这个意义上说，少年法庭承担儿童教育权实现的社会职能，尤其是对行为失范的儿童进行法制教育和社会化教育。

第六，其他权利。《公约》还基于宗教、族裔、语言等特殊性，对儿童权利的特殊性问题做了相应的规定，包括伊斯兰法的"卡法拉"（监护）（《公约》第 20 条第 3 款）、少数人或土著人的文化权利（第 30 条）、武装冲突下的权利（第 38 条）等等。

### （二）儿童的程序性权利

《儿童权利公约》铭记《世界人权宣言》、《公民权利和政治权利国际公约》（特别是第 23 条和第 24 条）、《经济、社会、文化权利国际公约》（特别是第 10 条）对儿童权利的确认，因此，《公约》文本大多涉及实体性的权利事项。同时，《公约》述及《联合国少年司法最低限度标准规则》(北京规则)①,进而提及了程序性的儿童权利。

第一,诉讼中的意见表达权。《公约》意识到国家的司法制度将对儿童的利益构成深刻的影响,因此,在设计实体性权利条款的时候,考虑到诉讼中的意见表达机会。例如,第9条的实体性权利是儿童免受与父母分离的权利,《公约》同时规定了但书,即"主管当局按照适当的法律和程序,经法院审判,判定这样的分离符合儿童的最大利益而确有必要",而这项但书所涉及的诉讼,"均应给予所有有关方面以参加诉讼并阐明自己意见的机会",这就是说,如果法院的判决涉及未成年人脱离其父母的照护,那么,法院应当给予未成年人表达自己意见的机会。再如,第12条的实体性权利是儿童的言论自由,《公约》强调"儿童应特别享有机会在影响到儿童的任何司法和行政诉讼中阐述见解,以符合国家法律的诉讼规则的方式,直接或通过代表或适当机构陈述意见",法院在审理涉及未成年当事人案件时,未成年人有充分阐述其意见的机会,这是《公约》对正当法律程序的确认,以及对未成年人参与原则的倡导。

第二,诉讼中使用自己语言的权利。《公约》第30条对接于联合国大会于1992年通过的《在民族或族裔、宗教和语言上属于少数群体的人的权利宣言》以及于2007年通过的《联合国土著人民权利宣言》②。属于少数群体和土著居民的未成年人享有使用自己的语言的权利,这项权利显然应当涵盖司法诉讼活动。

①关于《联合国少年司法最低限度标准规则》的论述,详见第一章第二节,本研究将其作为少年法庭的合法性问题加以专门阐述。
②《联合国土著人民权利宣言》第13条第2款要求各国"确保土著人民在政治、法律和行政程序中能够理解他人和被他人理解,必要时为此提供口译或采取其他适当办法"。参见《联合国土著人民权利宣言》,联合国文号:A/RES/61/295,2007年10月29日。

第三,诉讼中的人格尊严和获得公正审判的权利。免受非人道对待的权利是实体性的,例如在家庭生活中不被虐待,在学校生活中不遭欺凌,而在诉讼活动中则体现为程序性的保障。《公约》第 37 条第 a 项规定不受酷刑或其他形式的残忍、不人道或有辱人格的待遇或处罚,不得判处死刑或终身监禁;第 b 项强调对儿童的逮捕、拘留或监禁期限应为最短的适当时间;第 c 项规定被剥夺自由的儿童应受人道待遇,且同成人隔开,并有权与家人保持联系;第 d 项规定被剥夺自由的儿童有获得公正审判和适当援助的权利。这个条文的措施在于保障未成年人在诉讼环节中享有的人格尊严和人道待遇,特别是法院和主管当局在采取限制未成年人自由的措施时,应当是公正和谨慎的,如果未成年人提出异议,则应当迅速给予救济和裁定。

第四,刑事诉讼中的特别权利。《公约》第 40 条是整个《公约》最细致的条文,针对的是被指控触犯刑法的儿童所应当享有的一系列权利,具体包括罪刑法定(第 40 条第 2 款第 a 项)、无罪推定、通知父母或法定监护人、依法公正审理、不得逼供、上诉复查有罪判决、免费口译、隐私保护(第 40 条第 2 款 b 项)、建立专门机构处理儿童刑事案件(第 40 条第 3 款),以及采取照管、指导、监督、辅导、察看、寄养、教育、职业培训等多种措施处理定罪儿童(第 40 条第 4 款)。这些详尽的规范为我国少年法庭的制度建设提供了一个充分完全的人权保障框架。与此相对应,我国少年法庭的设置将如何契合《公约》的要求,将是本研究下述各章着重讨论的主题。

## (三)小结

《儿童权利公约》既是从实体性权利和程序性权利两个维度,规范了儿童权利保护的全球性准则,也是针对儿童这一特定群体最低限度的人权要求。

自 1992 年《公约》生效以来,对我国儿童权利观念、儿童权利基本制度、保障儿童权利的立法、儿童权利政策均产生了积极影响,但是,我国儿童权利保障制度的建设水平同《公约》对缔约国的要求之间还存在巨大差距。[①] 2004 年《宪法》的修改增加了"国家尊重和保障人权"条款,对国家人权建设提出更高要求。"法律应该以人为主体、为目的,法律应该服务于人、维护人的权利、满足人的需要、实现人的利益。"[②]因此,少年法庭的制度设计和机构完善,应当在价值追求上契合《公约》所确立的实体性权利和程序性权利,将国际人权文件的一般性标准与我国司法实际相结合,探索符合国情的少年司法之路。

---

① 参见段小松:《联合国〈儿童权利公约〉研究》,北京:人民出版社 2017 年版,第 245 页。

② 李龙主编:《人本法律观研究》,北京:中国社会科学出版社 2006 年版,第 29 页。

第二章
# 少年法庭的合法性依据

在法治国家,任何一项法律制度的创设或变革,都应当以尊重乃至遵守既有的法律秩序为前提,而不能动辄另起炉灶。因此,少年法庭的制度构建也应当建立在现有的法治框架之内,对现行有效的法律法规做出系统的梳理和解释,在此基础上,才能探索少年法庭可能的存在空间和发展趋势。本章的研究分别从国际法和国内法两个维度,寻求少年法庭的合法性基础。前者主要立足于《联合国少年司法最低限度标准规则》(北京规则,1985)和《联合国预防少年犯罪准则》(利雅得准则,1990),阐述联合国预防未成年人犯罪的规范,为我国的少年法庭制度提供国际经验和规律共识;后者主要立足于中国特色社会主义法律体系,梳理不同法律渊源对少年司法的规定,梳理和总结近年来少年司法建设已经创设的规范。

## 一、联合国预防未成年人犯罪的规范[①]

联合国基于对人类固有尊严及其平等权利的承认,建立起儿童权利的国际人权法话语和规则体系,致力于敦促各主权国家和国际社会采取有效措施保障儿童生命、生存与发展权利的实现。自 1989 年通过《儿童权利公约》以来,联合国在预防未成年人犯

---

[①] 本节文稿曾以《联合国预防少年犯罪的立场、措施与启示》为题,作为阶段性成果发表于《预防青少年犯罪研究》2016 年第 5 期,并全文转载于中国人民大学复印报刊资料《青少年导刊》2017 年第 3 期,略作修改后纳入本研究报告,特此说明。

罪这个特定领域,发布了一系列文件,从保护儿童权利的角度建立起预防未成年人犯罪的框架体系。本研究通过检索联合国正式文件系统(ODS①),收集整理相关会议决议和国别报告,梳理联合国预防未成年人犯罪的基本立场、倡导措施及其实施成效,以此作为少年法庭创设的国际法基础。

## (一)联合国预防未成年人犯罪的立场

纵观联合国发布的正式文件,不难发现,联合国预防未成年人犯罪的基本立场是"儿童至上",这也是联合国处理儿童问题的基本出发点。2000 年联合国大会在一份题为《儿童在 21 世纪将面临的新问题》的决议中指出,"儿童至上"的全球原则是"制订政策、资源分配和方案活动的准则"②。

儿童至上原则源于对人类固有尊严的尊重。国际人权法系统建立在对人类固有尊严承认的基础上,秉承了自古希腊以降的哲学传统。在希腊哲学史中,普罗泰戈拉较早地讨论了关于人的问题。"人是万物的尺度,是存在的事物存在的尺度,也是不存在的事物不存在的尺度。"③虽然这种学说被后世的哲学家认为在本质上是怀疑主义的,但不容否认的是,古希腊哲学讨论的主题开始从宇宙论引向了人论,以人为中心来讲道德才得以可能。在

---

① ODS(Official Document System)是联合国的正式文件系统,收录了 1946 年至 1993 年联合国主要机关做出的决议、全部安理会文件和大会正式记录,以及 1993 年至今的全文文件、原生数字文件和有文号的文件。该系统是联合国官方网站的组成部分,免费提供开放的检索和下载服务,其网址为 https://documents.un.org/prod/ods.nsf/home.xsp
② 《儿童在 21 世纪将面临的新问题》,联合国文号:A/AC.256/3-E/ICEF/2000/13,2000 年 5 月 2 日。
③ [英]罗素:《西方哲学史》(上卷),何兆武、李约瑟译,北京:商务印书馆 2001 年版,第 111 页。

文艺复兴时期，中世纪神学道德哲学基于人是上帝摹本的尊严观，以"借神颂人"的方式，演变为对人自身的观照。人类尊严的根基从神性权威转向了自我抉择，笛卡儿的"我思故我在"命题以及帕斯卡的"苇草"类比都是沿着意志自由和自我选择的脉络来阐述尊严的。在康德看来，尊严首先是一种内在价值。"在目的的王国中，一切或者有价格，或者有尊严。一个有价格的事物也可以被其他的事物作为其等价物而替换；与此相反，凡超越于一切价格之上、从而不承认任何等价物的事物，才具有尊严。"[1]尊严的价值限定条件在于该事物并无等价物可与之比较或交换。康德关于"人是目的"的道德箴言使其居于"尊严叙事史的中心"，"现代人权理论很大程度上站在这位巨人的肩膀之上"[2]。人类的尊严在经历两次世界大战的戕害后，联合国设立的初衷就包括通过建立一种稳定而持久的国际秩序来捍卫人类尊严。在人类尊严的理论框架中，儿童同样被视为应当充分而和谐地发展其个性的人类主体，其意志自由和自我选择同样受到珍视和保护。因此，联合国在处理关涉儿童的人权事务时，始终坚持将儿童的尊严和利益放在首位，而不是将其视为可供权衡或妥协的等价物。

儿童至上原则旨在促进乃至实现公平发展。联合国尤其是下属的经济和社会理事会和人权理事会注意到许多国家一直面临严重的经济、社会和政治挑战，包括贫困和营养不良、失业和通货膨胀、疾病和儿童死亡、文盲和教育缺失、腐败和政局动荡等。所有这些欠发达国家面临的问题都给处于社会最弱势地位的儿童带来严重影响，即便是在发达国家，儿童同样面临

---

[1] ［德］康德：《道德形而上学奠基》，杨云飞译，邓晓芒校，北京：人民出版社2013年版，第72页。

[2] Michael Rosen, *Dignity: Its History and Meaning*, Cambridge：Harvard University Press，2012，p.19.

着种族歧视、性别歧视或暴力侵害等威胁。儿童所遭受的不公正待遇最终反映在其个人成长、家庭组建、种族繁衍乃至国家构建的过程中，统计数据反映了代际的马太效应，例如，肯尼亚的贫困率从 1969 年的 40％，上升到 1981 年的 48％、1997 年的 52％以及 2000 年的 56％。[1] 尼日利亚的贫困率从 1980 年的 27％，上升到 1985 年的 46％以及 1996 年的 67％。[2] 对此，联合国希望通过提升儿童的人权状况来打破贫困、歧视、文盲、种族矛盾等社会不稳定因素的代际传递；通过改善儿童的生存和发展条件，提供相对充足的食物、基础的教育和基本的医疗，以促成人际和国际的公平发展。

儿童至上原则指明未成年人犯罪预防工作的主体性。联合国并未将未成年人犯罪简单地视为对人类社会的危害，要求成人世界采取措施消除这种危害，而是敦促和要求成人世界通过援助、照料和社区参与等具体手段为未成年人的成长提供良好的外部环境，在该外部环境中，"青少年应发挥积极作用，参与社会活动，而不应被看作仅仅是社会化的或控制的对象"[3]。这个表述说明，在预防未成年人犯罪方面，联合国尊重未成年人的主体性，将其视为完全的人格、平等的伙伴和能动的主体，鼓励并促使未成年人在健康的家庭、学校和社会生活中远离犯罪。预防未成年人犯罪的儿童至上原则与包括《儿童权利公约》在内的儿童人权话语体系紧密相容，遵循联合国以人为中心的主体性理念。

---

①Ndulu，B. J. etc（ed）*The political economy of economic growth in Africa*，1960—2000（Vol. 2），New York：Cambridge University Press，2008. p.360.

②Mana Wambebe. *The development of Nigeria's local/traditional fabric industry as a strategy for poverty reduction*. Paper for the degree of M. A.，University of Massachusetts Lowell. 2003. p.3.

③《联合国预防少年犯罪准则》（利雅得准则），联合国文号：A/RES/45/112，1990 年 12 月 14 日。下文引用该文件的，不再单独注释。

## (二)联合国预防未成年人犯罪的措施

自联合国成立以来,儿童、青年与犯罪问题一直是联合国预防犯罪和刑事司法方案的中心问题。联合国试图通过经济发展技术援助、公共管理和社会福利等措施预防未成年人犯罪,并成功制定了一系列有关青年犯罪预防、少年司法以及儿童受害人和证人的详细规则,包括《联合国少年司法最低限度标准规则》(北京规则,1985)、《联合国预防少年犯罪准则》(利雅得准则,1990)、《联合国保护被剥夺自由的少年规则》(1990)、《刑事司法系统中儿童问题行动指南》(1997)和《关于在涉及罪行的儿童被害人和证人的事项上坚持公理的准则》(2005)等文件。其中《联合国预防少年犯罪准则》(利雅得准则)是最具针对性的核心文件。综观这些规则和其他相关决议,联合国预防未成年人犯罪的措施包括三个方面的内容。

1.社会化措施

社会化是未成年人研究领域的一个重要主题。"青年社会化,可以认为是社会文化得以积累和延续,社会结构得以维持和发展,青年个性得以形成和完善的过程。"[1]根据这个定义,社会化至少应当包括下述内容:(1)从社会学角度看,社会化是一个互动过程,个人通过进入社会体系而习得社会经验,同时,个人在积极介入社会体系的过程再现了社会体系。未成年人在其成长过程中被动地接受了社会的形塑,同时又主动地推动社会变迁。(2)从心理学角度看,社会化是一个个体形成适应于社会和文化的人格及行为方式的过程,社会环境约束和控制未成年人的成长,未成年人在成长过程中逐步适应社会环境。(3)从文化学角度看,社会化是社会文化

---

[1]马德峰,胡杰容:《我国青年社会化研究评析》,载《青年研究》2000年第7期。

传承的前提,经由社会化过程,人才从动物状态的自然人进化为社会关系中的社会人。(4)从法学角度看,社会化是一个主体性建构的过程,在心智和年龄上从无行为能力人,经由限制行为能力人,最终长成完全行为能力人。社会化过程决定着未成年人个体行为与社会体系相容程度,当相容程度低于刑事规范的要求,就构成未成年人犯罪。因此,联合国将社会化过程列为预防未成年人犯罪的措施。

家庭是社会体系中的初级群体和基本单位,是未成年人社会化的关键性影响因素。包括减贫、应对老龄化、控制艾滋病在内,几乎所有联合国发起的活动都以不同形式在保卫家庭的健康和和谐,从而为预防未成年人犯罪营造良好的家庭环境。《联合国预防少年犯罪准则》第 11 条规定,"每个社会均应将家庭及其所有成员的需要和福利置于高度优先地位"。具体而言,政府承担维护家庭完整,制定相应政策维护家庭安定,劝阻孩子与父母分开,创新传统制度等责任,社会(社区)承担维护家庭完整,帮助托儿照料,为冲突家庭提供安置寄养,为土著、移民和难民家庭创新社会化过程,促进亲子关系等责任。联合国首先尊重并相信家庭在未成年人社会化进程中所发挥的积极作用,并敦促各国政府和社会为弱势群体家庭提供各种援助,只有当冲突家庭影响到孩子的幸福和前途时,才建议社会(社区)开展必要干预。

学龄儿童社会化最重要的影响因素是学校,社会规范、道德价值和知识技能主要通过学校教育来传授和培养,因此,联合国将"人人识字"、"人人平等享有优质大中小学教育"纳入对 2030 年人类世界的愿景,强调"女童必须能平等地接受优质教育","所有人,特别是处境困难者……无论是青年还是儿童,都应有机会终身获得教育,掌握必要知识和技能,充分融入社会"[①]。根据

①《改变我们的世界:2030 年可持续发展议程》,联合国文号:A/69/L.85,
　2015 年 8 月 12 日。

《联合国预防少年犯罪准则》的相关规定,学校教育在预防未成年人犯罪方面发挥三个方面的作用:(1)确立观念。学校引导未成年人对所居住国家的社会价值观念认同,尤其是对不同文明、基本人权和法治观念的认同,从内心树立守法意识。(2)培养技能。学校为青少年提供职业培训、就业机会及职业发展方面的信息和指导,使得青少年在走上社会时能够凭借自己的智力和劳动获得体面的生活水准。(3)应对失范。针对少年酗酒、吸毒、滥用其他药物,以及遭受虐待、忽视或受到伤害和剥削利用等失范情形,教师和其他专业人员应充分准备并得到培训来防止和解决这些问题。

少年与社会的交互往往在其生活的社区中进行。少年获得烟草、烈酒、毒品、火器等违禁品,遭受威胁、暴力、性侵害,参加团伙帮派或被招募为儿童兵,大多发生在社区的空间里。因此,《联合国预防少年犯罪准则》第 32 条规定,"社区应制订或加强现有的符合青少年特殊需要,适应他们的问题、兴趣和忧虑的各种社区性服务和方案,以及向青少年及其家庭提供适当的辅导和指导"。联合国儿童权利委员会强调少年所处的两种环境同等重要,即以家庭和学校构成的直接环境,以及由社区和宗教领导人乃至政策和立法当局构成的间接环境[1],并要求缔约国"顺应儿童尤其是一再触法儿童的特殊需要、问题、关注和利益,制订基于社区的服务项目和方案,并为这些儿童家庭提供适当的咨询和指导"[2]。

在高度信息化的社会中,大众传播媒体无形中对少年的社会化过程产生积极或消极的作用。《联合国预防少年犯罪准则》同

---

①《在〈儿童权利公约〉框架内青少年的健康和发展》(第 4 号一般性意见),联合国文号:CRC/GC/2003/4,2003 年 7 月 1 日。

②《少年司法中的儿童权利》(第 10 号一般性意见),联合国文号:CRC/C/GC/10,2007 年 4 月 25 日。

样关注到大众传媒的正负效应,要求各国鼓励大众传媒表现青少年对社会的积极贡献(第41条),为青少年提供社会服务、设施和机会信息(第42条),并减少对色情、毒品和暴力行为的描绘(第43条),意识到在青少年吸毒酗酒方面所应承担的社会责任(第44条)。事实上,大众传媒作用的空间相当广泛,未成年人犯罪的真实状况及其危害程度,经由媒体报道能够引起公众对该问题的关注,从而推进法律和政策上的变革;任何预防未成年人犯罪的措施都可能涉及物质利益的分配和行为自由的规范,因此,政策和法律的制定实施必须满足透明性要求,这为大众传媒发挥作用留下更为广阔的空间。

2.国家公权力措施

预防未成年人犯罪因其与刑事法治的内在联系,不免牵涉国家公权力的措施,而且从儿童权利保障与实践角度看,该项人权所对应的义务主体首先是国家(政府),其次才是家庭、社会及其他主体。联合国的相关文件表达了敦促国家采取积极措施,从立法、执法和司法的维度,通过公权力的运行来预防未成年人犯罪。

根据《联合国预防少年犯罪准则》的规定,国家立法措施包括:从积极维度制定青少年权益保护法律(第52条),从消极维度制定禁止伤害、虐待、剥削、侮辱、惩罚未成年人或利用未成年人犯罪的法律,以及限制未成年人获取武器的法律(第53—55条),并要求法律予以规定,对成年人的行为不视为违法或免予刑罚的,同样适用于青少年(第56条),换句话说,对少年的刑事立法不应严于对成年人的刑事立法。当然,国家立法措施属于主权国家的内政问题,联合国更多的是欢迎、鼓励或呼请相关国家将儿童问题纳入国家法治建设战略,"制定和执行一项防止和处理未成年人犯罪问题的少年司法综合政策",通过转化和恢复性司法等替代性的手段,确保"剥夺儿童的自由仅被用作最后手段"①。

在执法方面,联合国要求政府机构为未成年人犯罪预防工作提供足够的资源,包括拨付资金、配备人员、提供机会、宣传知识等措施,将犯罪预防工作嫁接到儿童权利保障的综合体系之中,并促进少年参与政策实施。联合国经济和社会理事会、人权理事会和儿童基金会等机构坚定地强调儿童是一个完整的人,要求各国政府在执行涉及少年利益的政策时,应当关注少年自身的诉求,并给予参与的机会。"儿童和青少年处于消极状态是无法成长的,只有通过参与,他们才能掌握技能、发展能力、产生期望并获得信心。"②《儿童权利公约》第 12 条第 1 款明确规定,"缔约国应确保有主见能力的儿童有权对影响到其本人的一切事项自由发表自己的意见,对儿童的意见应按照其年龄和成熟程度给以适当的看待"。

联合国呼吁并敦促各国建立起有别于成年人的少年司法机制。联合国在预防犯罪和刑事司法的文件中宣称,"我们极为关切地认识到,处境困难的青少年常常有走上犯罪道路的危险或容易变成犯罪集团,包括涉及跨国有组织犯罪的集团的招纳对象,我们承诺采取对策来防止此种现象的发展,必要时在国家发展计划和国际发展战略中列入有关少年司法的内容,并将少年司法列入我们的发展合作供资政策之中"③。少年司法强调对少年福祉的保护,确保对被指控的少年所做出的措施(不一定是惩罚)与其犯罪或违法行为情况相称。与一般的司法系统相比,少年司法更

①《增进和保护所有人权、公民、政治、经济、社会和文化权利,包括发展权》,
　联合国文号:A/HRC/10/L.15,2009 年 3 月 20 日。
②《儿童在 21 世纪将面临的新问题》,联合国文号:A/AC.256/3-E/ICEF/
　2000/13,2000 年 5 月 2 日。
③《关于犯罪与司法:迎接二十一世纪的挑战的维也纳宣言》,联合国文号:
　A/C.3/55/L.3,2000 年 9 月 14 日。

多地考虑到少年的情绪和心智成熟情况,尊重少年的隐私权,及时通知父母或监护人,在父母或监护人在场的情况下做出裁决,致力提供弱惩罚性的社会方案(如短期监督和指导、对受害者的赔偿和补偿等)。

### 3.学术研究措施

《联合国预防少年犯罪准则》将未成年人犯罪及其预防问题视为一个学术问题,要求建立国家、区域和国际层次的信息交流、项目合作和学术研究机制。第64条规定,"应鼓励开展协作,进行防止未成年人犯罪和违法行为的有效办法的科学研究,并将研究结果广为散播和予以评价"。儿童权利委员会深切关注到对未成年人犯罪相关的数据收集、现状评估和问题研究的不足,因此要求《儿童权利公约》的各个缔约国"对于可能构成歧视的青少年司法工作中不均等执法情况"和"有效的疏导方案或最新出现的青少年犯法活动等方面"开展调查研究。[①] 另外,第十二届联合国预防犯罪和刑事司法大会在给联合国和其他国际组织的建议中,提到了国际社会应当开展犯罪问题研究,鼓励技术援助,分享预防犯罪的对策等内容。[②]

### (三)联合国预防未成年人犯罪的启示

作为人权主流化的倡导者和促成者,联合国及其主要机关坚持儿童至上的立场,将预防未成年人犯罪纳入儿童尊严、生存和发展的权利话语体系,在国际层面上确立了统一标准,并敦促主权国家采取必要措施,以确保这些标准的实现。从儿童权利委员

---

① 《少年司法中的儿童权利》(第10号一般性意见),联合国文号:CRC/C/GC/10,2007年4月25日。
② 《使联合国预防犯罪准则发挥作用》,联合国文号:A/CONF.213/6,2010年2月5日。

会审查的国家报告中看出,相当多的国家在预防未成年人犯罪领域取得了实质性进展。例如,斯洛伐克立法规定对于 14 至 18 周岁的少年犯,避免采取拘留的处罚方式,而采用社区服务、罚款、没收财产、禁止参与某些活动等替代性措施;加拿大立法规定在少年案件中采用替代措施(如恢复性司法),以及康复和重新融入战略;摩尔多瓦的一项少年司法综合方法,包括免除少年刑事责任的可能性和采用严格的父母监管、支付赔偿金、治疗与劝告以及由矫正机构收容等非监禁性处罚措施。[1] 联合国在预防未成年人犯罪方面的思路和做法同样值得中国借鉴。

1. 多主体协作

《儿童权利公约》承认父母承担照顾和抚养儿童的首要责任,而分配给国家一种辅助性的提供保护和福利的责任,[2]这旨在建立安定和睦的家庭关系,避免国家公权力过多地介入家庭内部生活。与此同时,联合国强调,"预防犯罪包括为降低犯罪发生的风险及其对个人和社会的有害影响(包括惧怕犯罪)而做出的一切努力"[3]。所谓的"一切努力"不仅局限于父母或监护人在家庭层面所做的努力,更涵盖学校、社区、媒体和政府等多主体的协作。

多主体协作思路符合预防未成年人犯罪的基本规律。首先,少年生活环境是多维度的。随着年龄的增长,少年的成长环境从以家庭为中心,逐步转向以学校和社会为中心,并且在整个过程中个体所扮演的社会角色具有多重性,在家庭是子女、在学校是学生、在社区是居民,还可能承担恋人、教徒、社员、志愿者等社会

---

[1]《人权事务高级专员关于司法领域,包括少年司法领域的人权问题的报告》,联合国文号:A/HRC/14/35,2010 年 4 月 21 日。

[2][奥]诺瓦克:《国际人权制度导论》,柳文华译,北京:北京大学出版社 2010 年版,第 90—91 页。

[3]《使联合国预防犯罪准则发挥作用》,联合国文号:A/CONF.213/6,2010 年 2 月 5 日。

角色。每一个角色都有其必须遵循的行为准则,少年认同、接受并遵守角色规范的过程,既是实现社会化的过程,又是预防犯罪的过程。不同的社会主体针对少年所扮演的不同角色,给予指引、规范和监督,以确保少年的角色行为不偏离角色规范的要求。其次,少年生活环境是多层次的。在物质层次上,许多研究证据表明,贫困和暴力是一种互为因果的关系,而且在低收入国家,情况可能会更糟。① 对贫困的改善不仅仅是家庭的责任,更是社会和国家的责任。在精神层次上,文化差异、交际关系、社区融合等方面都能左右少年的健康成长,也同样成为制定和实施预防未成年人犯罪政策所必须考虑的因素。

我国尊重并采纳多主体协作的思路,在向联合国儿童权利委员会提交的一份国别报告中指出,"为切实保护儿童权益,中国的立法、司法、政府各有关部门以及社会团体都建立了相应的机制,以监督、实施和促进儿童保护事业的健康发展"②。中国应当继续完善多主体协作的未成年人犯罪预防机制,尤其是对留守儿童、流动儿童的保护工作,要注重学校、社区和政府的互动,给少年的成长提供平等而安全的社会环境。

2. 非刑罚化处罚

联合国承认未成年人犯罪所带来的社会危害性,但同时强调未成年人自身也是受害者,因而强调对其处罚应当持有某种程度的宽容和仁慈。联合国经济和社会理事会"明确地谴责对犯罪时不满18岁的人判处和执行死刑"③,人权理事会"倡导一种避免对

---

① [英]阿尔基尔:《贫困的缺失维度》,刘民权等译,北京:科学出版社2010年版,第67页。

②《中国关于〈儿童权利公约〉执行情况的第二次报告》(1996年至2001年),联合国文号:CRC/C/83/Add.9,2005年7月15日。

③《关于被拘留少年人权的国际标准的适用》,联合国文号:E/CN.4/Sub.2/2000/L.29,2000年8月14日。

儿童进行定罪和处罚的综合预防方式"①，部分国家向联合国预防犯罪和刑事司法委员会的报告中提及了一系列涉及少年犯案件的恢复性司法结果或协议，"包括罪犯向被害人道歉、赔款、罪犯给予被害人或被害人家属补偿金、参加社区服务、缴纳罚金、工作体验、毒品/药物滥用治疗和咨询/社会技能培养等"②。脑神经科学的研究已经为未成年人刑事立法的从轻化提供了实证证据，"从许多大脑成像的研究结论看，大脑前额皮质神经元的髓鞘完全形成年龄是在18—25周岁，青少年的大脑结构决定其风险评估、情绪控制和冲动抑制的能力低于成年人水平"③。

　　我国现行《刑事诉讼法》第二百七十七条规定，"对犯罪的未成年人实行教育、感化、挽救的方针，坚持教育为主、惩罚为辅的原则"。该条文可以认为是对处罚从轻化的一个确认。《刑事诉讼法》关于"未成年人刑事案件诉讼程序"的特别规定，在程序上为少年司法的开展提供了法律依据，但非刑罚化的处理方式尤其是矫治和教育措施仍在探索之中。根据2012年最高人民法院、最高人民检察院、公安部、司法部联合制定的《社区矫正实施办法》第三条的规定，司法所承担社区矫正日常工作，社会工作者和志愿者参与社区矫正工作，有关部门、村（居）民委员会、社区矫正人员所在单位、就读学校、家庭成员或者监护人、保证人等协助社区矫正机构进行社区矫正。该《办法》实施以来的司法所在少年社区矫正工作中的实际情况、存在问题和矫正效果，都有待做出

---

①《人权事务高级专员办事处、联合国毒品和犯罪问题办公室和负责暴力侵害儿童问题的秘书长特别代表关于预防和应对少年司法系统内暴力侵害儿童行为的联合报告》，联合国文号：A/HRC/21/25，2012年7月27日。

②《联合国预防犯罪和刑事司法的标准和规范》，联合国文号：E/CN. 15/2006/13，2006年3月3日。

③肖杰文：《法与神经科学研究述评——兼论认知科学与法》，载《河南财经政法大学学报》2013年第3期。

客观的总结和评价,为制度完善提供经验材料。在提高社会治理法治化水平的大背景下,如何发挥人民团体和社会组织在帮教特殊人群方面的作用,是一个值得研究的现实课题。

3. 人权教育普及

联合国之所以将预防未成年人犯罪工作对接到儿童权利话语,是因为联合国希望通过人权措施来营造适合所有人生存和发展的法治环境,其中,人权教育是一个重要的环节。联合国认识到"人权教育和新闻对实现人权和基本自由是必不可少的,而精心设计的培训、传播和新闻方案,对增进和保护人权和防止侵犯人权的国家、区域和国际倡议可起催化作用"①,专门针对中小学学龄儿童编写了《人权教学入门》。②

人权教育普及对预防未成年人犯罪的意义是双重的。一方面,未成年人犯罪行为本身就构成对受害人不同程度的人权侵害,那么,对中小学特别是 10 岁以上儿童开展人权教育,有助于建立尊重他人生命、自由和财产权利的法治意识,降低预防犯罪的物质成本。另一方面,少年作为犯罪人在面临司法裁判或其他处罚时,也应当享有基本人权,人权教育为其提供获得正义的知识储备。联合国的人权教育还特别针对教师、社会工作者、警察、检察官、法官等从事公共事业的主体,敦促其在与少年打交道时,遵守《儿童权利公约》等相关人权文件的规定和准则,以便贯彻儿童至上的原则立场。

长期以来,中国的人权教育是相对薄弱的,一直到 2004 年《宪法》修订增加"国家尊重和保障人权"条款后,人权话语才成为社会的主流价值追求。时至今日,十八届四中全会提出"增

① 《1995—2004 年联合国人权教育十年和人权领域的新闻活动》,联合国文号:A/RES/53/153,1999 年 2 月 26 日。
② 《人权教学入门》手册的中文版,可参见 http://www.un.org/chinese/hr/abc/intro.htm#top

强全社会尊重和保障人权意识,健全公民权利救济渠道和方式"①,为人权教育的普及和推广提供了战略支持。中小学校、新闻媒体、社区居(村)委会,以及网络平台都有义务宣传包括《儿童权利公约》、《联合国预防少年犯罪准则》在内的国际人权文件,以及包括《未成年人保护法》、《预防未成年人犯罪法》在内的国内法律法规,营造全民关注、基层预防的法治环境。

## 二、我国少年法庭的法制框架

中国共产党在领导中国革命、建设与改革的伟大事业中,对少年法庭始终给予了关注和重视。例如,在国民革命时期,中国共产党最重要的创始人陈独秀就意识到少年法庭与普通成年人审判机构的差异,撰文指出:"欧美监狱中,每每有教育与娱乐的设备,尤其少年法庭,狱官与法官对待少年罪犯,简直和教师、保母一般,这等监狱可说是学校化了。反观中国的学校,动辄惩戒开除,有时还要用军警来对付学生,这等学校可说是监狱化了!"②中华人民共和国成立后,尤其是改革开放40多年来,未成年人审判的法制环境逐步优化,调整该领域的法律法规也相继出台,可以说我国少年法庭的法制体系基本形成,为少年法庭的设置和运行提供了合法性基础。

### (一)我国少年法庭的法制环境

对一项特定的法律制度进行研究和检讨,应当放置于制度运

①《中共中央关于全面推进依法治国若干重大问题的决定》,载《人民日报》2014年10月29日,第1版。
②陈独秀:《学校与监狱》(1924年7月23日),《陈独秀文章选编》(中),北京:三联书店1984年版,第543页。

行的大背景之中,考察制度与背景的契合关系。本研究讨论的主题虽不如宪法般叙事宏大,但也应当从少年法庭运行的法制环境入手,探寻少年法庭在我国的合法性依据。

1. 宪制框架的法院架构

我国《宪法》在政权组织形式上确立了人民代表大会制度,由人民代表大会统一行使国家权力,"一府一委两院"由人大产生,对人大负责,受人大监督,各自在职权范围内依据宪法和法律开展工作。在国家机构的组成中,人民法院是国家的审判机关,行使国家审判权,其行使职权的方式是通过审判解决纠纷,保障公民基本权利,维护国家法制统一。《宪法》第一百三十一——百三十二条分别规定公开审理、被告有权获得辩护、法院依法独立行使审判权、最高人民法院监督地方各级人民法院的审判工作、上级法院监督下级法院的审判工作等根本性的司法制度。《宪法》第一百二十九条第 3 款规定"人民法院的组织由法律规定",这就授权全国人大及其常委会通过制定法律的方式,设置人民法院的组织架构。

《人民法院组织法》系全国人大制定的基本法律。根据该法第二条规定,人民法院的任务有两个方面:其一,依法审判,保卫国家,保护公民;其二,教育公民自觉遵守宪法和法律。这项规定表明,法院的职能不能作单一的狭隘理解,少年法庭的教育功能与《人民法院组织法》的基本精神是契合的。该法第七条规定案件审理的公开原则,但未成年人犯罪案件属于例外,这为少年法庭的不公开审判提供了直接的法律依据。

根据该法第二十六条规定,"基层人民法院根据地区、人口和案件情况,可以设立若干人民法庭";第二十七条规定,"人民法院根据审判工作需要,可以设必要的专业审判庭。法官员额较少的中级人民法院和基层人民法院,可以设综合审判庭或者不设审判庭"。从这两条的措辞可知,从中央到地方各级人民法院均可以根据实际需要,设立民事、刑事以外的审判庭或人民法庭。从我国实际情况来看,法院的设置呈现区域与专业交织的现象。依照行政区域设置对应审级的法院,虽然稳妥但不总合理,例如,厦门经济特区曾经存在鼓浪屿区的基层人民法院,辖区不足2平方千米,常住人口不足2万人,年收案数不足300件。2003年,厦门区划调整,原开元、思明、鼓浪屿三区法院合并组建新思明区人民法院,设鼓浪屿人民法庭。以往与当前,按照专业设置的人民法院,有军事、海事、森林、农垦、油田、铁路运输等,并随着时代变迁逐步调整。近年来,专业性法院试点成为司法改革的新动向,例如,2017年6月26日,中央全面深化改革领导小组审议通过《关于设立杭州互联网法院的方案》;2018年2月28日,中央全面深化改革委员会审议通过《关于设立上海金融法院的方案》,专门性法院相继成立,回应了人民群众的司法需求。因此,在《人民法院组织法》的制度框架中,少年法庭的设置和运行并无障碍,从1984年10月,上海市长宁区人民法院建立了我国第一个专门审理未成年人刑事案件的合议庭以来,少年法庭已经成为各地法院系统的常见审判组织。早在2007年,最高人民法院新闻发言人介绍称,全国法院共设立少年法庭2420个,专门从事未成年人案件审判工作的法官7200余名,基本上实现未成年人的刑事案件均由少年法庭审判。①

2. 预防犯罪的目标追求

从各国的实践经验来看,少年法庭制度创设的基础在于追求预防犯罪的目标。例如,美国少年法院法官理查德·塔特希尔(Richard S. Tuthill)在1904年关于少年法院诞生前未成年人犯罪的记述充分说明了少年法院建立的目的:

———————

① 袁祥:《全国法院共设立2420个少年法庭》,载《光明日报》2007年6月11日,第9版。

> 1899 年之前……不论这些儿童年龄多小,他们被指控,被起诉,且被判定为犯罪,投入监狱,如同成年人一样,在法庭审理后等候判决,并在他们还不明白犯罪是什么的时候就被贴上了犯罪者的标签。国家将这些小家伙投入看守所和监狱,与那些在城镇最邪恶角落所能找到的最坏的男人和女人为伍……他们于是顺理成章地受到犯罪的培养,并在其获释之际适格于成为犯罪专家和亡命之徒,接着充斥于我们的监狱和拘留所。①

从现有的研究文献来看,我国少年法庭制度建立的背景也是基于未成年人犯罪的逐年上升的现象。20 世纪 70 年代末,未成年人犯罪只占刑事案件总数的 1%—2%,到了 20 世纪 80 年代以后,经济发达地区的未成年人犯罪占刑事案件总数的比例提高到了 6%—7%,且呈现低龄化趋势,这引起政府特别是司法机关的重视。② 少年法庭创设以来,2000 年至 2006 年,全国法院审判的 43 万余名未成年罪犯,重犯率仅为 1.26%。③ 总结少年法庭 30 余年实践的成就,"未成年人犯罪预防和矫治"排在"推动未成年人保护"、"立法完善"和"建立中国特色社会主义司法制度"之前,④也充分说明少年法庭在国家的法制环境中,主要承担预防犯罪的职能。

事实上,预防犯罪尤其是预防青少年犯罪,一直是我国法治

---

① 转引自〔美〕富兰克林·齐姆林:《美国少年司法》,高维俭译,北京:中国人民公安大学出版社 2010 年版,第 45 页。
② 参见周道鸾:《对改革和完善少年法庭制度的思考》,载《人民司法》2008 年第 5 期。
③ 袁祥:《全国法院共设立 2420 个少年法庭》,载《光明日报》2007 年 6 月 11 日,第 9 版。
④ 颜茂昆:《关于深化少年法庭改革若干问题的思考》,载《法律适用》2017 年第 19 期。

建设的一项重要任务。1979 年,中共中央转发的中央宣传部、教育部、文化部、公安部、国家劳动总局、全国总工会、共青团中央、全国妇联等 8 家单位的《关于提请全党重视解决青少年违法犯罪问题的报告》,系第一份关于青少年犯罪问题的中央文件。1985 年,中共中央发出《关于进一步加强青少年教育预防青少年违法犯罪的通知》(中发〔1985〕20 号),明确青少年犯罪的基本形势,即"我国青少年精神面貌和道德风尚的主流是很好的……但是青少年违法犯罪仍然是一个不容忽视的问题"。2000 年,中共中央办公厅、国务院办公厅转发中央社会治安综合治理委员会《关于进一步加强预防青少年违法犯罪工作的意见》,总结改革开放以来预防青少年犯罪的经验,提出"积极探索预防青少年违法犯罪工作的规律,逐步完善预防青少年违法犯罪工作体系"的工作目标;2005 年 3 月 28 日,时任中共浙江省委书记的习近平在全省建设"平安浙江"电视电话会议上的讲话中指出,"加强对流动人口和未成年人的管理服务工作,完善外来流动人口管理服务机制,积极探索集家庭、学校、社会为一体的青少年教育管理体系,预防和减少青少年违法犯罪"①。2016 年中共中央办公厅、国务院办公厅印发《关于进一步深化预防青少年违法犯罪工作的意见》(中办发〔2016〕26 号),为新时代预防青少年犯罪做出顶层设计。

预防犯罪的目标追求对我国少年法庭的基本任务和受案范围起决定作用,即少年法庭主要审理的是未成年人刑事犯罪案件,在依法审理案件的同时,做好庭前调查和庭后追踪工作,协调公安、检察、监所、学校、社区开展矫正教育和社会帮扶。

3.综合治理的政策导向

我国少年法庭和少年司法所特有的法制环境还涉及社会

---

① 习近平:《干在实处走在前列——推进浙江新发展的思考与实践》,北京:中共中央党校出版社 2006 年版,第 267 页。

治安综合治理的政策导向。在改革开放初期,面对当时错综复杂的社会环境,党和国家提出综合治理的设想,学界最早在1981年对此开展讨论,认为社会治安综合治理是在党和政府的领导下,动员各行各业,通过公检法机关与人民群众相结合,预防犯罪与打击犯罪相结合,运用多种手段实现社会治安状况的根本好转。[①] 在20世纪80年代,社会治安综合治理成为法学讨论的一个热点问题,少年法庭在我国的诞生就带有社会治安综合治理的色彩。

1991年3月2日,第七届全国人大常委会第十八次会议通过《关于加强社会治安综合治理的决定》,标志着社会治安综合治理从政策导向上升为规范性文件。《决定》明确提出:"社会治安问题是社会各种矛盾的综合反映,必须动员和组织全社会的力量,运用政治的、法律的、行政的、经济的、文化的、教育的等多种手段进行综合治理,从根本上预防和减少违法犯罪,维护社会秩序,保障社会稳定,并作为全社会的共同任务,长期坚持下去。"这个论断与未成年人犯罪问题有着极大的共性。(1)未成年人违法犯罪问题是社会治安综合治理的对象之一。社会治安综合治理的对象主要包括治安违法事件、刑事犯罪事件和社会灾害事故(如重大交通事故、重大安全责任事故等),从20世纪80年代以来各地实践情况看,青少年的违法犯罪始终是关注的重点。(2)预防未成年人犯罪是社会治安综合治理的目标之一。反映社会治安综合治理成效的指标有很多,包括但不限于发案率、初犯率、重犯率、破案率、安全感等等。初次犯罪的低龄化是改革开放以来刑事犯罪的新现象,预防未成年人犯罪尤其是降低重犯率是少年法庭设立的宗旨,与社会治安综合治理的目标高度一致。(3)预防未成年人犯罪的主体与社会治安综合治理的主体重叠。综合治

---

① 胡石友:《搞好社会治安的"综合治理"》,载《法学杂志》1981年第4期。

理强调的是多主体协助式的治理模式,既涉及公安机关、检察院、法院、监狱等专门从事司法和相关工作的国家机关,又动员广大人民群众,即全体公民通过学法、知法、守法,运用法律武器同各种违法犯罪行为做斗争。少年法庭的日常工作以审判未成年人刑事犯罪案件为内涵,其外延包括与被告家庭、学校、社区建立帮教关系,营造未成年犯罪人重返社会的法治环境,因此,预防和审判未成年人犯罪也是一项多主体的系统工程,并与社会治安综合治理的主体体系高度融合。因此,《决定》特别强调,"加强对全体公民特别是青少年的思想政治教育和法制教育,提高文化、道德素质,增强法制观念"。

随后,相关国家机关结合其业务范围,也出台了社会治安综合治理的规范性文件。例如,最高人民检察院发布了《关于贯彻落实中共中央、国务院及全国人大常委会〈关于加强社会治安综合治理的决定〉的通知》(高检发〔1991〕11 号),提出检察机关参加社会治安综合治理必须抓好的若干具体工作,其中一项就是"高度重视青少年犯罪问题,积极开展青少年犯罪原因、规律和对策研究,配合有关部门做好对青少年罪犯的教育、感化、挽救工作"。1995 年 9 月 19 日,中共中央办公厅和国务院办公厅转发《中央社会治安综合治理委员会关于加强流动人口管理工作的意见》,提出"试办流浪儿童保护教育中心。对在社会上长期流浪、无家可归,失去正常生活、学习条件和安全保障的少年儿童,要采取保护性的教育措施"。

2015 年 12 月 31 日,《社会治安综合治理基础数据规范》(GB/T 31000—2015)国家标准颁布,该标准专门设立"重点青少年模块",及时掌握重点青少年群体底数和教育帮扶情况,做好重点青少年群体教育帮扶工作,预防和减少违法犯罪,涉及的数据项除了基本人口信息外,还包括监护人姓名、监护人公民身份证号码、监护人联系方式、监护人居住详址、是否违法犯罪、违法犯罪情况、帮扶人姓名、帮扶人联系方式、帮扶手段、帮扶情况等相关数据。此外,标准还设计了"校园及周边安全模块",掌握校园底数,推动校园及周边综合治理措施的实现。2016 年 9 月 30 日,《社会治安综合治理 综治中心建设与管理规范》(GB/T 33200—2016)国家标准颁布,省、市、县、乡四级综治中心的基本职能包括"预防青少年违法犯罪、校园及周边治安综合治理",要求"妇联参与调处婚姻家庭纠纷及其他涉及妇女儿童合法权益的案件"。

综上所述,20 世纪 80 年代兴起的社会治安综合治理,通过规范性文件的创制和国家标准的颁布,将青少年违法犯罪的预防与教育帮扶提升到前所未有的高度,为少年法庭的初创与发展提供了外部法制环境。时至今日,党的"十九大"报告提出"打造共建共治共享的社会治理格局","完善党委领导、政府负责、社会协同、公众参与、法治保障的社会治理体制"[①]等一系列新时代社会治理的创新安排。新时代社会治理的新形势对少年法庭的制度完善提出新要求,少年法庭的制度设计和机构完善势必要回应社会治理社会化、法治化和专业化的要求。

### (二)我国少年法庭的法律演进

20 世纪 80 年代以来,孕育我国少年法庭成长的法制环境逐步成熟,直接规定少年法庭的法律、司法解释和其他规范性文件逐步得以制定,对其加以历时性的梳理,既有助于还原我国少年法庭的法律演进过程,又能够为日后的制度完善提供一个全面的基础。

1. 少年法庭试行阶段的规定

1991 年 1 月 26 日,《最高人民法院关于办理少年刑事案件的

---

①《党的十九大报告辅导读本》编写组编著:《党的十九大报告辅导读本》,北京:人民出版社 2017 年版,第 48 页。

若干规定（试行）》（法〔研〕发〔1991〕3 号）颁布，并于同年 2 月 1 日起施行，这是第一个专门就少年法庭的机构设置和运行程序做出系统性规范的司法解释性质的文件。[①] 该试行规定第三条第 1 款明确规定，"人民法院应当在刑事审判庭内设立少年法庭（即少年刑事案件合议庭），有条件的也可以建立与其他审判庭同等建制的少年刑事审判庭"。从这个条文来看，我国少年法庭的基本定位是隶属于刑事审判庭的一个机构，这说明两点，其一，少年法庭不是类似于人民法庭的派出机构，而是法院刑事审判庭的组成部分，在目前地方实践中较为常见的做法是设立三个刑事法庭，刑事一庭审理《刑法》分则第四、六、七章规定的侵犯公民人身权利民主权利罪、妨害社会管理秩序罪、危害国防利益罪等案件；刑事二庭审理《刑法》分则第一、二、三、五、八、九章规定的危害国家安全罪、危害公共安全罪、破坏社会主义市场经济秩序罪、侵犯财产罪、贪污贿赂罪、渎职罪等案件；刑事三庭作为少年刑事案件合议庭，审理涉及未成年人的刑事案件。其二，少年法庭最初的设想不是综合性审判庭，而是一个单纯的刑事审判庭，即涉及未成年人的民事、行政等案件不是少年法庭的受案范围，而是由相应的民事审判庭和行政审判庭审理。根据第三条第 1 款的基本定位，试行规定在第六条中明确少年法庭的受案范围，包括：被告人犯罪时未满 18 周岁的案件，共同犯罪的主犯犯罪时未满 18 周岁的案件，共同犯罪的三分之一以上被告人犯罪时未满 18 周岁的案件，以及法院院长或审判长决定的其他涉及未成年人的刑事案件。该试行规定对开庭前的准备工作、审判和执行做了细致详尽的程序性规定，应当说为我国少

---

[①] 2013 年 1 月 14 日，《最高人民法院关于废止 1980 年 1 月 1 日至 1997 年 6 月 30 日期间发布的部分司法解释和司法解释性质文件（第九批）的决定》（法释〔2013〕2 号）废止了该文件，废止理由是刑事诉讼法及相关司法解释已有明确规定。

年法庭的建制和运行提供了具有操作性的规范文本。值得注意的是,规定第四条第 4 款明确"少年法庭的审判人员中应当有女审判员或者女人民陪审员"。关于性别的要求,这是一个比较独特的做法,比如,澳大利亚新南威尔士州《儿童法院法》第 7、8 条涉及对儿童治安法官和高级儿童治安法官的任命条件,也未提及法官的性别要求。① 美国《佐治亚州少年法院统一规则》第 1.3 条"司法官资格"条款中,强调少年法院司法官的研修和资质要求,同样未涉及性别问题。② 本研究认为,在我国传统的性别文化定位中,女性尤其是中年女性的形象,具有很强的亲和力和感召力,对未成年被告人进行说服教育能做到循循善诱。经过 20 余年的实践,"海淀法院少年审判终身荣誉贡献奖"获得者"法官妈妈"尚秀云成为我国少年司法法官队伍的典型。在帮教中司法,在关爱中感化,这或许反映了我国少年法庭制度内和制度外对女性裁判者的特别期待。

1991 年 6 月 1 日,最高人民法院联合最高人民检察院、公安部、司法部出台《关于办理少年刑事案件建立互相配套工作体系的通知》(法〔研〕发〔1991〕7 号),再次强调"人民法院应当设立少年法庭或者指定专人负责办理少年刑事案件"③。这份通知的主要目的,在于发挥政法部门协调合作的整体优势,除了对未成年犯罪人依法定罪量刑之外,还侧重于对未成年罪犯进行教育和改造,在矫治和重返社会方面取得实质性成效。

---

① 孙云晓、张美英主编:《当代未成年人法律译丛·澳大利亚卷》,北京:中国检察出版社 2006 年版,第 263—264 页。
② 张鸿巍等译:《美国未成年人法译评》,北京:中国民主法制出版社 2017 年版,第 74 页。
③ 2013 年 1 月 4 日,《最高人民法院、最高人民检察院关于废止 1980 年 1 月 1 日至 1997 年 6 月 30 日期间制发的部分司法解释和司法解释性质文件的决定》(法释〔2013〕1 号)废止了该文件,废止理由是通知精神已被刑事诉讼法及相关司法解释吸收和代替。

1991年9月4日，全国人大常委会通过的《未成年人保护法》，系我国第一部专门针对未成年人合法权益的法律。根据该法第四十条第1款规定，人民法院办理未成年人犯罪的案件，可以根据需要设立专门机构或者指定专人办理。这里的措辞使用的是"可以"，反映出全国人大常委会并未强制性要求各级人民法院设立少年法庭，只是建议或允许设立专门的审判机构，而且，该机构的受案范围应当是刑事案件。为了配合《未成年人保护法》的实施，最高人民法院于1991年12月24日颁布《关于学习宣传贯彻〈中华人民共和国未成年人保护法〉的通知》（法〔研〕发〔1991〕44号）。该通知最为关键的一项要求是，"尚未建立少年法庭的，明年一月要抓紧建立起来，做到未成年人刑事案件全部由少年法庭审理"。这就意味着，最高人民法院要求少年法庭在全国推广，未成年人刑事案件由专人办理进一步上升到专门机构办理。据此可以认为，在1992年我国少年法庭成为一个法定的审判庭建制。

1992年11月14日，最高人民法院林准副院长在未成年人犯罪的预防、审判和矫治国际研讨会上作题为《中国审理未成年人刑事案件的司法制度》的演讲。演讲涉及我国少年法庭若干标志性的做法：其一，我国少年法庭起步晚，发展快，已经在全国推开，截至1992年6月，全国建立少年法庭2763个，从事少年法庭工作的审判人员7049名，特邀陪审员11008名，基本上实现未成年人犯罪案件由少年法庭审理的目标。这就说明，《关于学习宣传贯彻〈中华人民共和国未成年人保护法〉的通知》提出的少年法庭全国推广的要求已经达到。其二，我国少年司法在实践中遵循了一系列原则，包括法定代理人参加诉讼，不公开审理，全面调查，及时处理，寓教于审、惩教结合等，以保障未成年被告人诉讼权利得以实现。当然，演讲中所归纳的原则，是否构成少年法庭或少年司法的原则，还有待商榷，特别强调"及时处理"

原则似乎暗示其他刑事案件可以"不及时处理"。本研究认为，少年法庭的审判原则，应当在一般意义的审判原则基础上，提炼其独特性的原则。

1995 年 7 月 28 日，最高人民法院颁布《全国法院少年法庭工作会议纪要》（法〔1995〕112 号）。这次会议的统计数据显示，截至 1994 年底，全国建立少年法庭 3369 个，相较于 1992 年 6 月，又增加了 21.9％。值得注意的是，少年法庭的建制在各地出现了分化，其中，独立建制的未成年人刑事审判庭 540 个，审理涉及未成年人刑事、民事、经济案件的综合审判庭达到 249 个，开启少年法庭受案范围的多元化进路。《纪要》在肯定少年法庭取得成绩的同时，指出"作为国家的一项司法制度，还有待成熟和完善"，并将少年法庭的工作任务概括为十二个字，即巩固、加强、充实、规范、提高、发展。我国少年法庭及其制度本身还处于"少年时期"，在发展过程中面临一系列的问题和挑战，需要在实践中加以总结和完善。《纪要》最后对少年法庭的建制、受案范围、职能、未成年罪犯适用刑罚以及国外经验借鉴吸收等问题做了原则性的安排和部署。

2. 少年法庭定型阶段的规定

1999 年 6 月 28 日，九届全国人大常委会第十次会议通过《预防未成年人犯罪法》，其中，第四十五条规定，"人民法院审判未成年人犯罪的刑事案件，应当由熟悉未成年人身心特点的审判员或者审判员和人民陪审员依法组成少年法庭进行"。在 1991 年《未成年人保护法》第四十条第 1 款"可以"的基础上调整为"应当"。如果说 1999 年之前，少年法庭是我国法院系统内部创新与改革措施的话，那么，1999 年之后，少年法庭专门审理未成年人刑事案件，成为（狭义）法律所要求法院系统履行的一项强制性义务。这是一个负责任的大国，对履行《儿童权利公约》以及《联合国少年司法最低限度标准规则》（北京规则）、《联合国预防少年犯罪准则》(利雅得准则)等一系列国际法义务的最高法律渊源的体现。① 反过来说,《预防未成年人犯罪法》第四十五条未作修改和废除,最高人民法院乃至全国的法院系统,是无权取消少年法庭的,即出台少年法庭的相关改革措施必须以该条款为边界和红线。

2000 年 12 月 4 日,最高人民法院颁布《最高人民法院机关内设机构及新设事业单位职能》(法发〔2000〕30 号),规定研究室指导少年法庭工作。

2001 年 4 月 4 日,最高人民法院颁布《最高人民法院关于审理未成年人刑事案件的若干规定》(法释〔2001〕9 号)。② 第六条对少年法庭的建制进行了规范:在基层人民法院和中级人民法院的层级,专人负责办理未成年人刑事案件(即合议庭)是最低标准,条件成熟的可以建立未成年人刑事审判庭,合议庭和审判庭统称少年法庭;在高级人民法院和最高人民法院的层级,设立少年法庭指导小组,负责具体工作。第十条规定的受案范围,承袭法〔研〕发〔1991〕3 号司法解释第六条对少年法庭受案范围的规定。

2003 年 12 月 2 日,少年法庭建设被列入 23 项司法为民具体

①在中国特色社会主义法律体系中,宪法是我国的最高法律渊源,但宪法所规范的事项应当是根本性的,即通过"国家尊重和保障人权"(第三十三条第 3 款)条款,以及"国家培养青年、少年、儿童在品德、智力、体质等方面全面发展"(第四十六条第 2 款)条款间接履行《儿童权利公约》等相关国际法文件的义务。当然,宪法不可能也不必要对"少年法庭"进行专门规定,由此,仅次于宪法的法律设专款规定少年法庭审判未成年人犯罪的刑事案件,就是该领域的最高法律渊源了。

②2015 年 1 月 12 日,《最高人民法院关于废止部分司法解释和司法解释性质文件(第十一批)的决定》(法释〔2015〕2 号)废止了该文件,废止理由是已被《刑事诉讼法》及《最高人民法院关于适用〈中华人民共和国刑事诉讼法〉的解释》修改。

措施的第 18 项,要求确保少年法庭工作正常开展。①

2010 年 7 月 23 日,最高人民法院再度出台关于少年法庭的文件《关于进一步加强少年法庭工作的意见》(法发〔2010〕32号)。该意见对少年法庭未来的发展定下基调,即"当前和今后一个时期,少年法庭工作只能加强,不能削弱"(第一条)。在少年法庭建制方面,延续《最高人民法院关于审理未成年人刑事案件的若干规定》的相关规定。在少年法庭法官队伍建设方面,提出"最高人民法院、高级人民法院每年至少组织一次少年法庭法官业务培训"(第十一条)。在少年法庭改革方向方面,鼓励各级法院大胆探索实践未成年人民事和行政案件特色审判制度,这就意味着,最高人民法院对少年法庭深化改革出现新动向,将"未成年人民事和行政案件审判"纳入"进一步加强少年法庭工作"的范畴(第二十一条)。

2012 年 3 月 14 日,十一届全国人大五次会议修订《刑事诉讼法》。同年 12 月 20 日,《最高人民法院关于适用〈中华人民共和国刑事诉讼法〉的解释》(法释〔2012〕21 号)出台,根据上位法的要求,总结 1991 年以来颁布的关于少年法庭司法解释的实践经验,第二十章以专章的形式规定"未成年人刑事案件诉讼程序",建立起包括少年法庭建制、开庭准备、审判、执行在内的未成年人刑事案件审理的法律制度体系,成为目前少年法庭机构设置和实践运行的主要法律依据。在建制方面的主要内容是,延续法释〔2001〕9 号司法解释,在中级人民法院和基层人民法院设置未成年人案件审判庭或未成年人刑事案件合议庭;增加了高级人民法院设立未成年人刑事案件合议庭的要求,条件具备的还可以设立未成年人案件审判庭。这就意味着,少年法庭从基层和中级的两

---

① 2003 年 12 月 2 日《最高人民法院关于印发〈关于落实 23 项司法为民具体措施的指导意见〉的通知》(法发〔2003〕20 号)。

级设置,拓展到基层、中级和高级的三级设置。在受案方面的主要内容是,在法〔研〕发〔1991〕3 号司法解释规定的"犯罪时不满 18 周岁"的基础上,增加了"立案时不满 20 周岁"的限定条件。本研究肯定这个增加的附加条件,因为按照现行《刑法》规定,行为人实施故意杀人、强奸、抢劫等 8 种法定重罪的,刑事责任年龄为年满 14 周岁以上,其他犯罪的刑事责任年龄为年满 16 周岁以上(第十七条),同时,第八十七条分别设置了 5 年、10 年、15 年和 20 年的追溯时效。那么,在理论上存在极端情形,即被告在 17 周岁犯有法定最高刑为无期徒刑的罪行,案件诉讼在 19 年后进行,那么,该被告人已经 36 周岁,由少年法庭审判,显然既无必要又不合适了。这项细节的完善,充分说明我国少年法庭的制度逐步走向成熟,实践中积累的经验和遇到的问题,在最高人民法院出台的司法解释中得到回应和解决。

2016 年 2 月 3 日,最高人民法院发布《2016 年人民法院工作要点》(法发〔2016〕4 号),第十五条提及"认真做好涉未成年人案件审判工作,继续深化少年法庭改革"。少年法庭的改革尚未完成,将在深化依法治国实践的大背景下,尤其是深化司法体制综合配套改革的框架下,继续探索和实践。

综上所述,从 1991 年到 2016 年,历时 26 年的探索前行,全国人大及其常委会、最高人民法院、最高人民检察院和国务院相关部委密切配合,建立起符合我国国情,适应未成年人审判实践的少年法庭制度。时至今日,少年法庭何去何从,少年法庭的制度如何安排,依然是一个需要继续深化的理论与实践命题。这 26 年的制度创设经验,将为本研究的展开提供基本的思路和素材。任何一项制度的革新,总是离不开也无须脱离既有传统的黏性。面对现实,总结经验,逐步推进,应当成为新时代少年法庭制度完善的基本定位。

# 第三章
# 少年法庭的国外经验

　　在发展中国家的法治建设进程中,法律移植是一个不能回避的问题。威斯特伐利亚体系下的民族国家(Nation State)构建,从一种西欧的地区性知识,蔓延为全球秩序。民族国家是马克斯·韦伯(Max Weber)所描述的"在——且仅在——西方世界,曾出现朝着(至少我们认为)具有普遍性意义及价值的方向发展的某些文化现象",这种仅见于西方的政治机构,其特征在于"具有合理制定的宪法、合理制定的法律以及以合理制定的规则——法规——为取向而由专门官吏来管理的行政"[①]。从这个意义上说,在全球化的背景下,中国的法治进程离不开对国外经验的借鉴,少年法庭的建构及其运行制度,同样需要依靠国外规范的引进、吸收和移入。

　　国外经验的借鉴不是照搬和照抄,而应当满足下述条件:其一,受体自身的需求。自身有类似的制度需求,这是考虑借鉴移植的前提。"当前和今后一个时期,少年法庭工作只能加强,不能削弱"(法发〔2010〕32 号司法解释第一条),深化司法体制改革的新时代使命,决定了少年法庭理论研究与制度完善的空间,从而使借鉴国外经验成为可能。其二,供体和受体的兼容。少年法庭虽然属于司法机构建设的上层建筑范畴,但相对而言,其意识形态色彩并不凸显。换句话说,资本主义国家要保护未成年人,防止乃至减少未成年人犯罪,这个目标追求在社会主义国家并无二

---

[①]〔德〕马克斯·韦伯:《新教伦理与资本主义精神》,康乐等译,桂林:广西师范大学出版社 2007 年版,第 1、4 页。

致,第一章和第二章的论述也已经回答了少年法庭在不同地域的相通性问题。其三,供体自身的优势。不同地区的法律制度和法治文化不同,少年法庭的设置方式和运行状况也有差异,因此,在讨论少年法庭的国外经验时,不能回避经验是否先进的问题。本章着重于仔细辨别少年法庭在国外实践过程中的成败经验,特别是梳理国外学者对当地少年法庭实施情况的论战,从而提炼出可供我国借鉴的制度供体。这也就是法理学所说的,"在充分占有尽量多的外部信息的情况下,通过搜索最大范围的可比对象,寻找到与己方目的最相接近的对象,划定可供移植的法律范围"①。

## 一、国外少年法庭法官的资格要求

少年法庭是区别于一般法庭的特殊制度安排,少年法庭法官的选聘和任命,也有别于一般法庭的法官。本节以美国和澳大利亚的司法实践为例,其理由在于,美国是少年司法之创始地,而澳大利亚自第二次世界大战以后就开始推行社会福利制度,具有较为完善的儿童法律体系。

### (一)美国少年法院的法官资格

美国少年法院②法官的任职要求,一般由各州自行规定。例如《佐治亚州少年法院统一规则》专门设计了"司法官资格"条款(规则1.3):

---

①李龙主编:《法理学》,武汉:武汉大学出版社2011年版,第177页。

②国内介绍西方国家(尤其是英语国家)少年司法机构的作品往往使用"少年法院"(Juvenile Court)这个术语,出于翻译习惯的考虑,本节在讨论美国机构时沿用"少年法院"概念,同时,在讨论我国机构时使用"少年法庭"概念。

（a）基于本规则之目的，司法官应包括法官、陪审法官以及符合资质要求的临时法官。每个司法官应每年至少参加一次由少年法院法官理事会与佐治亚司法继续教育协会共同承办的研修班，以达行使少年法院审判权之资格。临时法官每年至少需要担任 30 日少年法院法官，需要参加至少一次上述研修班，以获得来年续任之资质。高等法院法官亦须参加司法继续教育协会为其承办的研修班，以满足其资质要求。每年 1 月 1 日后，完成年度培训并获颁发证书，或在其首个任期第一年内的司法官才有权行使少年法院审判权。

（b）少年法庭法官理事会应保留教育暨资格委员会，其主席及副主席均由理事会理事长任命。教育暨资格委员会应予确认审判资格，准予或否决延长达标时间之申请。

（c）司法官未达到本规则及《佐治亚州法典》第15-11-20 条中规定之资格培训要求时，应遵循下列程序……①

从该条文的措辞来看，少年法院的司法官在满足一般意义上的法官任职资格条件之外，还有额外的研修班的培训并获得证书的要求。此外，《佐治亚州少年法院统一规则》规则 1.5 还对"法官入职培训"进行了补充，培训项目包括少年法院法官理事会教育暨资格委员会所规定的至少 16 小时的课程培训。这些繁多细致的培训计划与少年法院的教育职能相契合，少年法院的法官除了中立裁判之外，应当掌握未成年人的教育、规劝和开导的能力。

---

①张鸿巍等译：《美国未成年人法译评》，北京：中国民主法制出版社 2017 年版，第 74 页。

除了法定的培训,美国政治当局和社会舆论还对少年法院法官的道德提出要求。国家政策的制定者和公众评论员建议少年法院的法官应当做出积极努力,改善未成年人的出庭的效果。这些呼声促使法官走下高高在上的法官席,召开协调会议,与利益相关者进行对话,及时处理案件,并向社区传达处于最危难境地的儿童所面临的困难。因此,在道德层面上,少年法院的法官被赋予行政管理性的和协调沟通性的角色,而这是其他领域法官所不被要求的。例如,法律规定,少年法院的法官应当额外审查庭前向儿童及其家庭给予的司法服务的充分性。在很多州里,少年法院的法官有权任命和免除缓刑犯的首席监视官(chief probation officer),并监督少年法院出庭律师的任命和工作资格。

相对于其他领域的法官,少年法院的法官在入职上面临更多挑战。涉及未成年人的情形经常会引发道德困境,这些困境在法律的标准文本或司法伦理的培训中往往并未涉及。因此,少年法院的法官需要在司法伦理上获得特别的指引和支持,这将有助于他们理解如何从道德上采取政策制定者所建议的行动。

少年法院的法官还面临许多其他情况需要对司法行为或不作为的道德影响进行类似分析,包括与服务提供者合作、少年法院接受礼物的问题、管理少年法院举办的活动(诸如周六收养、家庭团聚日等)、任命律师、维护少年法院诉讼和记录的机密性、指导检查、与各机构合作、与儿童沟通、制定调解计划、与学校合作、公开演讲、与媒体互动以及与信仰组织合作。

显然,在美国各地对审判法官进行道德培训方面还有很多工作要做,特别是对少年法院法官的培训。所有法官都应参加正在进行的道德操守培训,并应为少年法院法官提供道德操守培训,以解决他们履行法官职责所面临的独特问题。具体而言,各州的司法委员会和行政办公室应采取以下步骤来处理这些重要任务:为所有法官提供持续性的伦理培训;向少年法院法官提供特定的伦理培训,来保证他们能够履行相应的司法职责;提供一条"热线",让法官在很短的时间内就可以联系接触司法伦理专家,询问具体情况对道德的影响;提供专门的司法伦理文献文本、在线课程和视频,以帮助教育所有法官,特别是那些在少年法院服务的法官。

法官的道德义务被认为是反映司法制度质量的法律要求。如果法官了解道德约束并在工作中遵循这些道德准则,那就会优化法律制度和法治状况。各州的高级法院、司法委员会和法院行政人员必须确保法官得到必要的教育支持和技术援助,使法官以合乎道德的方式执行司法任务。①

## (二)澳大利亚儿童法院的法官资格

在澳大利亚,2001年8月13日修订后的新南威尔士州《儿童法院法》第6—7条规定,新南威尔士州儿童法院应当由首席治安法官间或其任命的儿童治安法官组成。第7—8条详细规定儿童治安法官的任命:

第7条　儿童治安法官的任命
(1)首席治安法官可以通过书面文件,任命任何有资格的人担任儿童治安法官。
(2)具备以下条件的人,有资格被任命为儿童治安法官:
(a)是一名治安法官,并且
(b)在首席治安法官看来,具备首席治安法官认为

---

①See Leonard Edwards, "Ethical Challenges for the Juvenile Court Judge", *Juvenile and Family Court Journal*, Vol. 62 (2011), pp. 1-9.

履行儿童治安法官职责所必需的法律、社会或行为科学，以及处理儿童和青少年与他们家庭之间关系的知识、资格、技能和经验。

（2A）儿童治安法官应当接受并完成首席治安法官与高级儿童治安法官商议后所要求的不间断的培训课程。

（3）附录 1（与儿童治安法官相关的条款）对儿童治安法官有效。

（4）附录 3（关于兼职儿童治安法官的保留和过渡性条款）有效。

第 8 条　高级儿童治安法官

（1）经首席检察官同意，首席治安法官可通过书面文件，任命一名儿童治安法官为高级儿童治安法官。

（2）除第（3）款规定的情况外，高级儿童治安法官可一直担任这一职务，直到其终止儿童治安法官职务。

（3）经首席治安法官批准，高级儿童治安法官可辞去高级儿童治安法官的职务，但可保留儿童治安法官的职务。

（4）经任命，高级儿童治安法官被视为依据《地方法院法》第 15 条第（1）款任命的副职首席治安法官。①

从《儿童法院法》相关条文以及附录 1 和附录 3，可以大致看出澳大利亚法律对儿童法院法官的资格要求，除了被依法任命外，儿童治安法官应当具备处理儿童和青少年事务的知识、资格、技能和经验，并接受不间断的培训课程；而高级儿童治安法官还

---

① 孙云晓，张美英主编：《当代未成年人法律译丛·澳大利亚卷》，北京：中国检察出版社 2006 年版，第 262—275 页。

应当定期与社区团体和社会机构商讨有关儿童和法院的事宜,监督儿童治安法官的培训,向首席检察官提交儿童法院的工作报告。当然,儿童治安法官的权利也获得立法确认:儿童法院的法官归属于地方法院法官序列,各州规定具体任职资格条件;儿童治安法官的身份仍然是治安法官,其等级、头衔、身份和优先权不因被任命为儿童治安法官而发生变化;儿童治安法官的任职期限一般不超过3年,但可以被再次任命;儿童治安法官除享有法定的薪金报酬外,还可以获得差旅和生活补贴。

## 二、国外少年法庭案件的受理范围

少年法院设立的初期,其管辖权或案件的受理范围限于"少年犯罪",但在其他国家和地区的实践中,受理范围本身充满争议,并随着时间的推移而发生变化。这些变化或许未必代表少年司法的客观规律——因为不同国家因其国情特别是司法制度的差异,改革的方向并非完全一致——但至少可以揭示少年法院本身所面临的一些困境和矛盾。

### (一)美国少年法院案件的受理范围

早在1909年,美国律师协会的年报,就开始对少年法院的管辖权问题提出争议:

> 法院的权力不仅作用于管辖权范围内的不动产,而且还囊括管辖权范围内的未成年人的人,其来源非常古老,现在不能提出质疑。在每一个管理良好的社会,特别是在共和政体中,这是必然存在的权力。正如我们所看到的,司法管辖权充满扩展性和责任性,乃至可以渗

透到社区内每个家庭的家庭关系,这显得微妙甚至是尴尬的性质。然而,司法管辖权的运行,在每一个管理良好的社会中都是不可或缺的,特别是在保护那些无力自顾者的人身及其财产方面……在大多数司法管辖区,一方面,少年法院法为被抚养人、被疏于管教者、逃学者和犯罪儿童专门设置了条款;另一方面,少年司法领域的一些最优秀的工作人员反对法院直接与被抚养的儿童——其父母仅仅因为贫困或不幸而必须寻求帮助——有所瓜葛。如果不能从朋友或教会那里获得必要的帮助,在寻求国家救济时,通过济贫法或援助委员会应该更为合适。①

从这份报告的措辞看,少年法院职能被设定为保护未成年人并未获得当时美国法律界的一致认同。从立法例的角度看,各州对受案范围的规定并不一致,诸如"不受其家长控制的"(out of the control of his parents)、"无可救药的"(incorrigible)、"犯有不道德罪行的"(guilty of immoral conduct)等等。② 在年龄问题上,少年法院与刑事法院的关系也存在管辖权的重叠问题,在采用"共同管辖权"(concurrent jurisdiction)的州,检察官对 16 周岁以上(未满 18 周岁)被控谋杀罪的案件,可以选择向少年法院起诉,也可以选择向刑事法院起诉,那么,该决定将影响受理案件的法院及其相应的审判结果。

事实上,美国的少年法院制度被设计为进步时代刑事法院的一种非正式的康复替代方案。据联邦儿童局称,在战后时期被裁

①See Julian W. Mack, *The Juvenile Court*, Annual Report, A. B. A. Vol. 32 (1909), pp. 450-452.

②Edward D. McLaughlin, M. Clinton McGee, "Juvenile Court Procedure", *Alabama Law Review*, Vol. 17 (1965), p. 232.

定为"行为不良的人"(delinquent)中,至少有一半未成年人因"微不足道"的事由而被指控,包括未成年人的性侵犯、粗心大意、逃学、脱离管教、离家出走以及其他轻微不当行为或"环境状况"。但是由于许多州的少年法院没有受到上诉的重新审查以及其诉讼记录很少,这个系统几十年来一直没有受到挑战。

康复是少年法院创立之初的目标,也是 20 世纪 60 年代改革者的目标。进步人士相信儿童应该远离惩罚性的成人刑事法庭,设想一个单独的、非正式的、非对抗性的制度,少年法院法官将制定个性化的计划,使陷入困境的儿童获得康复。20 世纪 60 年代,"康复合意"仍然如此广泛,以至于康复的优劣并不是法院改革者与反对者之间辩论的焦点。改革者称赞法院的最初目标,但发现其结果是法院的广泛管辖权、程序非正式性以及制定处分计划的自由裁量权导致对轻微刑事犯罪甚至非犯罪行为进行极端惩罚。高尔特案及其后来的案件将该系统的各个方面形式化,但改革者希望形式化可以改善而不是破坏少年法院的康复目标。区别支持者与反对者的问题在于:第一,谁需要康复? 第二,如何才能最有效地实现康复? 致力于康复理想的改革者担心现有系统设计不佳以至于不能达到其目的。他们认为,法院几乎无限的管辖权、给予缓刑监视官和法官过于宽泛的裁量权范围、管理康复的机构和政策以及法院工作人员与他们监督的儿童之间的社会文化差异,会对大量不听话的(non-conforming)儿童实施严格的社会控制,而没有为那些需要他们的有犯罪心理的儿童提供成功的康复服务。①

根据《惠蒂尔少年法典》(*Whittier Juvenile Code*)的规定,下述情形都可以判定为受抚养的子女,属于少年法院的管辖权范围:

---

① Daniel A. Ross,"Rethinking the Road to Gault:Limiting Social Control in the Juvenile Court,1957—1972",*Virginia Law Review*,Vol. 98 (2012),P. 426,428-429.

（a）儿童已经遭受或有可能遭受其父母或监护人非意外的严重身体伤害的重大风险。基于该条款，法院根据下述行为可能会发现存在将来可能造成严重伤害的风险：已经发生了不那么严重的伤害，反复对儿童或其兄弟姐妹造成伤害的历史，父母或监护人将这些和其他行为结合在一起，表明孩子有受到严重身体伤害的危险。基于该条款，"严重的身体伤害"不包括在没有严重身体伤害证据的情况下实施的合理且适合年龄的打屁股。

（b）儿童已经遭受或有可能遭受严重身体伤害或疾病的重大风险，其原因在于他或她的父母或监护人无法充分监督或保护儿童，或者孩子的父母或监护人故意或过失地未能充分监督或保护儿童免受儿童保育员的侵害，或者父母或监护人故意或过失地未能向儿童提供充足和适当的食物、衣服、住所或医疗，或者父母或监护人无法提供常规护理，或者父母或监护人由于精神疾病、生理残疾或滥用药物而无法给儿童提供日常照护。

（c）儿童已经遭受或有可能遭受严重情绪损害的重大风险，其证据表现为严重的焦虑、抑郁、退缩或针对自己或他人的侵犯性攻击行为，其原因在于父母或监护人的行为导致，或者该儿童没有父母或监护人提供日常照护。基于虔诚的宗教信仰，并可以获得一种较少侵入性的司法干预，父母或监护人故意不提供足够的精神健康治疗，则不在该条款约束范围之内。

（d）儿童已经遭受或有可能遭受其父母、监护人或家庭成员性侵害的重大风险，或者在父母或监护人明知或合理地应当知道儿童处于性侵害危险之中时，未能提供充分的保护。

（e）未满5周岁的儿童遭受父母或父母知道的任何人的严重身体虐待，该人是父母明知或合理地应当知道其虐待行为。基于该条款，"严重的身体虐待"是指以下任何一种情况：任何单一的虐待行为导致足够严重的身体创伤，如果不及时治疗会导致永久的身体毁容，永久的身体残疾或死亡；任何单一的性侵害行为，这些行为会导致严重出血、深青肿或明显的外部或内部肿胀；或一次以上的身体虐待行为，每次行为都会导致出血、深青肿、严重的外部或内部肿胀、骨折或意识障碍；或故意长期不提供足够的食物。除非社会工作者提出了严重的身体虐待指控，否则不得将儿童脱离其父母或监护人的实际监护。

（f）儿童的父母或监护人由于虐待或过失造成另一名儿童的死亡。

（g）儿童没有得到任何照护；对儿童的实际监护权已经自愿放弃，并且该儿童在14天内未被找回；该儿童的父母已被监禁或收容，无法安排照顾儿童；或其子女所在或已离开的亲属或其他成年监护人不愿意或无法为其提供照顾或支持，父母的下落不明，以及寻找父母的合理努力未能成功。

（h）儿童脱离父母一方或双方的收养达到12个月，或者基于亲权的让渡或终止，或者基于收养申请未获批准。

（i）儿童遭受父母、监护人或其家庭成员的一次或多次虐待行为，或者在父母或监护人明知或合理地应当知道儿童处于残忍虐待危险之中时，未能提供充分的保护。

（j）依据（a），（b），（d），（e）或（i）条款所界定的，儿童的兄弟姐妹受到虐待、疏于照护或存在类似风险。法院应考虑虐待或疏于照护兄弟姐妹的情况，父母或监护人的精神状况，以及法院在确定是否对儿童有重大风险时提供证明的任何其他因素。①

从上述条款可以看出，目前美国少年法院管辖的案件不仅局限于未成年人犯罪的刑事案件，在很大程度上还同样受理未成年人作为受害人，遭受父母、监护人或其他成年人侵害的案件。当然，未成年人遭受侵害的案件——从法律条文的措辞来看——至少是构成轻罪的刑事案件。据此，在美国大多数州，少年法院的受案范围包括未成年人的刑事案件、未成年人的非犯罪不良行为（如阿肯色州规定未成年人渔猎违法和交通违法、北达科他州和北卡罗来纳州规定未成年人交通违法等）的案件、对未成年人实施侵害行为的刑事案件。

## (二)澳大利亚儿童法院案件的受理范围

澳大利亚各州建立的儿童法院，下设家庭分院和刑事分院，其中，家庭分院受理处于危险情况下的未成年人保护案件，刑事分院审理未满18周岁的未成年人犯罪案件。但如果涉及严重犯罪，则由中级法院按照普通程序审理。

新南威尔士州的《儿童刑事诉讼法》(2004 年 7 月 6 日)是配合《儿童法院法》的一份程序性法律，第 7 条规定儿童法院的专属管辖权，第 28 条规定儿童法院的司法管辖权，具体内容如下：

---

① Jacqueline Daily, Jessica Winter, "Juvenile Law Moot Court Brief", *Whittier Journal of Child and Family Advocacy*, Vol. 12(2012), pp. 209-211.

第7条 儿童法院的专属管辖权

(1)除本法规定之外,地方法院不得审理和判决儿童法院有审理和判决司法管辖权的刑事诉讼案件。

(2)毒品法院不得审理和判决儿童法院有审理和判决司法管辖权的刑事诉讼案件。

第28条 儿童法院的司法管辖权

(1)儿童法院有审理和判决下列诉讼的司法管辖权:

(a)除严重的儿童可予起诉罪之外的任何犯罪(可予起诉或其他)的刑事诉讼,以及

(b)任何可予起诉罪(包括严重的儿童可予起诉罪)的预审诉讼,

如果被指控实施犯罪的人:

(c)实施犯罪行为时是儿童,并且

(d)罪行被指控到儿童法院时未满21岁。

(2)尽管有第(1)款的规定,儿童法院无权审理或判决有关某人被指控实施交通肇事罪的刑事诉讼,除非:

(a)该犯罪与该人被指控实施并被起诉到儿童法院的另外一项犯罪产生于同一情况下,或者

(b)所指控犯罪实施时,该人尚未达到依据《道路交通驾驶员许可法》(1998年)或其他可适用法获得授权该人驾驶有关犯罪的机动车的驾照或许可的年龄。①

澳大利亚的立法例显示,儿童法院采用双轨制的案件受理模式,家庭分院侧重于审理未成年人处于受害者地位且需要被照护的案件,刑事分院侧重于审理未成年人犯罪的案件。儿童法院属

①孙云晓,张美英主编:《当代未成年人法律译丛·澳大利亚卷》,北京:中国检察出版社2006年版,第326,338—339页。

于地方法院系统，在联邦法院系统还设有家庭法院，家庭法院也受理儿童民事案件，侧重于审理儿童身份、收养、监护等基于亲权的非侵害性案件。

## 三、国外少年法庭审理的特别程序

少年司法之所以成为一个独特的学术命题和实践模式，就在于对未成年人的审判有别于对成年人的审判。这种审判活动的差异性，集中体现在少年法庭审理程序的特别安排。因此，对国外经验的借鉴，离不开探索境外少年法庭在审理活动中所遵循的特别程序。

### (一)美国少年法院审理的程序变革

自 1899 年首个少年法院建立以来，受理儿童案件的特别法院的概念迅速传播开来。时至今日美国 50 个州都有类似机构，而且这种特别法院的模式也以各种形式传播到欧洲和南美洲。在少年司法理论框架下，在法定年龄以下违反法律的儿童，如果缺乏其他必要的犯罪意图，不应在刑事法院和普通刑事诉讼中作为罪犯受审，而应在特殊的衡平法院(court of equity)获得听审。如果确定他违反了法律，他被判定犯有越轨行为。裁决并未将违法行为做出指定，比如商店行窃、偷窃、入室盗窃、人身侵犯、非法侵入、逃学、过失杀人或甚至谋杀，而仅仅确定该未成年人犯有越轨行为。孩子并不总是被判定越轨行为。相反，虽然越轨行为的实施可能是由一大部分证据确定的，但法官可以自行决定是否仅仅将该孩子放在缓刑期。①

---

①See Edward D. McLaughlin, M. Clinton McGee, "Juvenile Court Procedure", *Alabama Law Review*, Vol. 17 (1965), p. 226.

事实上,20 世纪早期,美国的少年法院主要承担社会控制的角色,少年法院案件处理结果的主要方式就是"缓刑",即在非监狱的政府教养院、训导学校或工读学校为越轨未成年人提供管护式的"缓刑"。在少年法院,儿童不能获得陪审团审判,听证是私密的,儿童很少有向律师询问自己权利的机会,即使有机会,律师也不会理解。在极端情况下,儿童可能与外界没有任何联系,可能会被从家庭、亲戚、学校和朋友中分离出来,并被安置在一个陌生的家庭中。少年法院可能要求严格和不合适的缓刑时间表。如果其他一切尝试都失败了,儿童可能会受到国家惩教学校严格纪律的限制并被剥夺自由。案件事实由法官、事实发现者而不是陪审团以及证据的优势所决定。[①]

在沃伦法院(Warren Court,1953—1969 年)时期,美国联邦最高法院将公民权尤其是消极自由推广到前所未有的境地,少年法院的宪法归化(constructional domestication)将正当法律程序的理念引入并贯穿于少年法院的审判程序,自此,少年法院在程序安排上日臻成熟,其角色从一个福利机构转变为更为正式的司法机构。其间一个历史性的转折点就是高尔特案。

高尔特案被列入"影响美国的 15 个刑事司法大案"。[②] 1964年 6 月 8 日,亚利桑那州吉拉县的警察拘押了 15 周岁的少年杰拉尔德·高尔特(Gerald F. Gault),其原因是高尔特被怀疑向一

---

[①] See Edward D. McLaughlin, M. Clinton McGee, "Juvenile Court Procedure", *Alabama Law Review*, Vol. 17 (1965), p. 228.

[②] In re Gault, 387 U. S. 1 (1967). 判决全文可在康奈尔大学法学院的法律信息中心(Legal Information Institute)获得检索,https://www. law. cornell. edu/supremecourt/text/387/1/♯writing-USSC_CR_0387_0001_ZO,最后访问日期 2018 年 7 月 12 日。中文案件间接可参见孟军:《艰难的正义:影响美国的 15 个刑事司法大案评析》,北京:中国法制出版社 2015 年版,第 172—188 页,[美]菲尔德:《少年司法制度》,高维俭等译,北京:中国人民公安大学出版社 2011 年版,第 198—202 页。

个邻居打了一个"具有令人恼怒的侵犯性、少年所为、关于性方面"的骚扰电话。高尔特被带走时,父母并不在场,且在没有通知父母的情况下被整夜拘押。6月9日少年法院对高尔特进行审判,法官既未告知其任何权利,也没有为其指定辩护律师,作为证人的邻居没有到场宣誓做证,听审过程没有作任何记录,在盘问其打电话的情况、高尔特承认拨打电话后,法官即认定高尔特实施了越轨行为。少年法院判决将高尔特送入州立工读学校,直到21周岁为止(未成年期届满)。然而,如果一个成年人为该越轨行为,法官的判决为不超过50美元的罚金或2个月的监禁。高尔特的父母向亚利桑那州最高法院申请人身保护令未果,最终上诉到联邦最高法院。联邦最高法院认定少年法院的判决侵犯了高尔特的6项权利,即指控事项的告知、获得律师帮助权、质证和交叉盘问权、免予自证其罪的权利、获得诉讼笔录的权利以及上诉复审的权利。联邦最高法院法官福塔斯(Fortas)在判决意见中指出,州少年法院法官行使的权力作为国家亲权并非不受限制,基于亲权的告诫并不意味着程序上的恣意,少年法院对越轨行为的裁决应当接受联邦宪法第十四修正案关于正当程序的约束。自此,美国的少年法院结束了非正式的、对公众不公开的、法官自由裁量权过大的历史,开启正当程序的改革之旅。

发展至今,美国少年法院审理的特殊程序性要求涉及:(1)强制律师代理。根据《俄亥俄州未成年人程序规则》规则3、4规定,即使是在未成年人交通违法、无法管教、受虐待、照管不良等非犯罪案件的审理中,涉及对严重少年法进行安置处分、儿童面临失去自由的潜在可能、儿童遭受重罪指控、儿童与父母或监护人发生冲突等情形的,儿童不可放弃律师代理权,并且对于贫困家庭或贫困儿童而言,法院必须为其任命一名律师以维护儿童诉讼权利。① （2）儿童隐私保护。少年法院的审理非公开进行,一般仅限于当事人、父母或监护人、证人、缓刑官员等人员出席。根据《俄亥俄州未成年人程序规则》规则 5 规定,在少年法院的决定提交公开时,所有标题及正文中未成年人姓名均应由首字母代替,在公开报道中也应如此。② （3）身体或精神检查。根据《得克萨斯州未成年人司法法典》第 51.20 节规定,在诉讼中的任意阶段,包括儿童在裁判前设防拘留所或裁判后设防矫正监所中被首次拘禁之时,少年法院可自主或应儿童父母或监护人之请,要求转介至少年法院或被呈请指控或证实曾实施违法犯罪行为或表明有监管需要行为的儿童,由客观公正的专家进行检查,包括在精神健康、智能障碍方面具有教育及临床训练资质且有司法鉴定经验的医生、精神病专家及心理专家,以确定儿童是否患有精神疾病、智能障碍或药物依赖。③ 这种检查的意义在于,既可以及时发现儿童存在的身心健康问题,便于少年法院和监所矫正机构采取应对措施,又可以防止儿童在拘留、审判、看护乃至羁押过程中,受到意外的伤害。

从这些程序性的特殊安排可以看出,改革后的美国少年法院倾向于向正式法院靠拢,基于联邦宪法所规定的权利,少年法院的程序要求与刑事法院趋于接近。当然,少年法院与刑事法院仍存有两个明显的差异:第一个是对罪犯实施的安保监禁程度有所不同,刑事法院比少年法院更具有惩罚性。第二个是法官和检察官之间的权力分配有明显区别——刑事法院是通过诉辩交易的

---

① 张鸿巍等译:《美国未成年人法译评》,北京:中国民主法制出版社 2017 年版,第 118—119 页。

② 张鸿巍等译:《美国未成年人法译评》,北京:中国民主法制出版社 2017 年版,第 120 页。

③ 张鸿巍等译:《美国未成年人法译评》,北京:中国民主法制出版社 2017 年版,第 70—71 页。

模式推进的,这使得检察官比法官拥有更多的权力,而少年法院赋予法官和缓刑官员更多的权力。①

## (二)澳大利亚儿童法院审理的特别程序

澳大利亚的儿童法院不采用其他法院的"正规"形式,例如,法官不戴假发、不穿法袍,并且对外承担咨询服务。这种非正式性贯穿在儿童法院的审理过程之中。新南威尔士州的《儿童和青少年照管和保护法》(2004 年 9 月 22 日修订)第 6 篇专门规定儿童法院的诉讼程序,最能体现儿童法院程序特殊的条文包括:

第 93 条　诉讼的一般性质

(1)由儿童法院审理的诉讼程序,不得以对抗的方式进行。

(2)由儿童法院审理的诉讼程序,应当在该案件情况所允许的情况下,尽可能以非正式方式,尽量少地运用法律术语或法律形式来进行。

(3)儿童法院不受证据规则的约束,除非就特定诉讼程序或诉讼程序中的特定部分,儿童法院决定证据规则或其指定的证据规则中的某些规定适用于该特定诉讼程序或特定部分。

第 96 条　儿童或青少年及其父母出庭

(1)在与儿童或青少年有关的诉讼程序中,儿童法院可以要求该儿童或青少年及其父母到审理该诉讼的法院参加审理。

---

①Franklin E. Zimring,"The Power Politics of Juvenile Court Transfer: A Mildly Revisionist History of the 1990s", *Louisiana Law Review*, Vol. 71 (2010), p. 4.

（2）如果儿童或青少年不愿在某一诉讼程序中出庭，儿童法院应对其愿望予以考虑。

（3）不得要求儿童或青少年向儿童法院提供证据。

第 104 条　禁止公众旁听

（1）儿童法院审理有关某个儿童或青少年的诉讼时：

（a）与诉讼无直接利害关系的任何人（b 项所涉及的人除外）不得呆在审理该诉讼的地方，除非儿童法院另行指示，并且

（b）为通过公共媒体进行宣传而撰写报道的人，有权进入并一直呆在审理该诉讼的地方，但儿童法院另行规定的除外。

（2）当儿童法院审理与某个儿童或青少年有关的诉讼程序时：

（a）如果儿童法院认为，允许该儿童或青少年出庭可能对其造成的心理伤害超过禁止其出庭的不利后果，则儿童法院可随时指令该儿童或青少年离开法庭，以及

（b）对证人进行询问时，如果儿童法院认为出于维护该儿童或青少年的利益有必要这样做，可以随时命令任何人（该儿童或青少年除外）离开法庭。

（3）即使对与诉讼有直接利害关系的人，儿童法院仍可行使第（2）款（b）项规定的权力。

（4）如果少年法院按照第（2）款（b）项的规定对某个儿童或青少年做出指令，其也必须依据第（2）款（b）项的规定对为通过公共媒体进行宣传而撰写报道的人做出指令。①

---

① 参见孙云晓，张美英主编：《当代未成年人法律译丛·澳大利亚卷》，北京：中国检察出版社 2006 年版，第 326，94—100 页。

　　从列举的三个条文可以看出,澳大利亚儿童法院倾向于采用简易程序处理未成年人案件;强调不公开审理的方式;在听审过程中,为确保未成年人的最大利益,可以命令他们离开法庭;同时保护未成年当事人的隐私。如果说美国少年法院的改革是"正规化"和"程序化"的趋势,那么,澳大利亚的做法呈现出"非正规化"和"非程序化"的色彩。无论选择哪种改革走向,正如美国少年法院设立初期所持的立场,"这项行动不是为了审判被指控犯罪的儿童,而是为了使其免于遭受这样的考验——如果孩子的自身利益和国家的最大利益证明如此"①。不以审判犯罪为最高宗旨,这或许已经成为各国少年法院程序设计考量的出发点。

①Julian W. Mack, *The Juvenile Court*, Annual Report, A. B. A. Vol. 32 (1909), p. 457.

第四章

**我国少年法庭的设置思路**

保护未成年人的合法权益,是少年法庭基于价值判断的道义要求;履行《未成年人保护法》《预防未成年人犯罪法》以及相关司法解释设定的法定义务,是少年法庭基于实在法的规范要求。一言以蔽之,"当前和今后一个时期,少年法庭工作只能加强,不能削弱"(法发〔2010〕32 号司法解释第一条)。落实到法院系统的一个特别机构上,少年法庭具体的设置安排,"既要着眼当下,解决少年法庭目前存在的困难和问题,也要面向未来,对少年法庭改革发展做出前瞻性的制度设计"①。自第四章起,本研究主要侧重于考虑和探索在深化依法治国实践的新时代,明确少年法庭发展的基本走向,涉及少年法庭的法官队伍建设、受案范围以及少年法庭与其他机构的关系等具体问题。

## 一、少年法庭的法官队伍建设

在新的历史时期,以司法为民、公正司法为工作主线的司法改革正在有效开展和深入推进。在各项改革措施中,与少年法庭密切相关的是法官员额制改革,从某种意义上说,法官员额制改革既明确了少年法庭法官与审判辅助人员之间的角色定位和职责分配,但同时又对少年法庭的续存与发展提出挑战。

①牛凯:《少年法庭改革的发展方向》,《人民法院报》2018 年 7 月 11 日,第 5 版。

## （一）少年法庭法官队伍的建设原则

2014 年 10 月 23 日，中共十八届四中全会通过《中共中央关于全面推进依法治国若干重大问题的决定》，为当下及今后的法治国家建设提供顶层设计。在加强法治工作队伍建设方面，《决定》指出："推进法治专门队伍正规化、专业化、职业化，提高职业素养和专业水平。"①从法治工作队伍建设角度看，少年法庭的未来发展应当继续坚持人员的专职专业原则。

确立并坚持少年法庭法官队伍的专职专业原则，其理据在于下述三个方面：

第一，未成年当事人的特殊性对案件的审理提出特殊要求。成年人设计的法律在适用于未成年人案件时，成文法的局限性尤为突出，未成年人的认知能力和自由意志并未达到成年人的水平，对事物的理解不能按照"常规"的逻辑和标准加以评判。无论审判人员查明事实，还是未成年被告人认罪服法，都应建立在彼此信任、充分沟通、无障碍交流的基础上。理解未成年人真实的想法，同情未成年人现实的处境，这是从法律规范正义转向个案现实正义的桥梁，因此，少年法庭的审判人员不仅要葆有关心爱护未成年人成长的仁爱之心，更应当在掌握并娴熟地运用技术的层面，做好审判环节对未成年人的释理说法工作。少年司法是一项经验的技艺，专职的人员配置，有助于在实践中不断总结经验，提升业务水平。

第二，国外少年司法的历史沿革揭示了少年法庭人员专业化的司法规律。司法规律反映的是司法领域共通性、重复性、经得

①《中共中央关于全面推进依法治国若干重大问题的决定》，载《人民日报》2014 年 10 月 29 日，第 1 版。

起实践检验的必然关系,同时决定着人类司法文明发展的必然趋向。各个国家和地区,虽然所属的法系不同、法院建制不同、受案标准不同,但只要走上少年司法改革之路,皆要求审判人员专业化。国外少年司法实践已经表明,当事人的未成年人属性和审判人员的专业化属性,两者构成少年法庭从其他审判庭里独立出来的必要条件。从司法文明的发展历史看,司法从其他国家权力活动中独立出来,诞生了专门的法官队伍;刑事审判与民事审判的分野,诞生了刑事法官和民事法官的队伍;时至今日,少年案件的审判人员也必然是一支专门的法官队伍。

第三,人员专职专业原则已经在我国少年法庭创设过程中得以坚持,有必要作为一项原则固定下来,并继续予以贯彻落实。1991年《最高人民法院关于办理少年刑事案件的若干规定(试行)》第四条第2款对少年法庭审判长的任职要求中提到"应当保持相对的稳定";2010年最高人民法院《关于进一步加强少年法庭工作的意见》第五—七条分别对高级、中级和基层人民法院的少年法庭机构建设提出要求,有条件的应当设独立建制的少年审判庭,尚未设立少年审判庭的,应当指定专职办理未成年人案件的法官。人员专职专业原则已经成为我国少年法庭组织建设和人才保障的法定原则。

### (二)少年法庭法官办案数量的困惑

在以审判为中心的改革进程中,法院工作人员分类管理改革与少年法庭法官职权设置密切相关。在现行的制度框架下,少年法庭及其员额法官所面临的办案数量严重不足的问题,无法得到解决,甚至更为凸显。

早在2001年6月30日,九届全国人大常委会第二十二次会议通过《法官法》的修改决定,增加的第五十条规定:"最高人民法院根据审判工作需要,会同有关部门制定各级人民法院的法官在人员编制内员额比例的办法。"首次在国家法律的层级提出各级法院建立法官员额比例制度的要求。经过较长时间的试点改革试验,2015 年 2 月 4 日,最高人民法院为贯彻党的十八大和十八届三中、四中全会精神,推进深化法院系统改革,出台《关于全面深化人民法院改革的意见——人民法院第四个五年改革纲要(2014—2018)》(法发〔2015〕3 号),提出到 2017 年底在四级法院建立法官员额制度。

　　员额制改革的基本思路是,根据法院辖区的发展水平、人口规模、案件数量、案件类型等基础数据,结合工作量、办案条件、后勤保障等实际情况,确定法官在人员编制内的员额比例,要求的红线是法官员额比例严格控制在中央政法专项编制的 39％以内。从各地的实际情况看,上海法官员额比例设定为 33％(司法辅助人员 52％、行政管理人员 15％),吉林法官员额比例在省、市、县三级法院分别为 34％、37％、40％,海南法官员额比例在省、市、县三级法院分别为 38％、38％、40％。[①] 2017 年 7 月 3 日,最高人民法院举行首批员额法官宪法宣誓活动,标志着全国法官员额制改革全面完成,全国共产生员额法官 12 万余名。"法官员额制的核心价值就在于建立职业化的法官队伍,为实现司法公正提供人力资源方面的保证。"[②]

　　从法官员额制改革落实的情况来看,未入额的人员大致有四个去向:(1)转任法官助理岗位,在审判庭协助员额法官参与审判业务工作;(2)转任司法行政人员,离开审判一线,到综合部门参与后勤保障工作;(3)转调其他机关,离开法院到其他党政部门工

①陈永生,白冰:《法官、检察官员额制改革的限度》,载《比较法研究》2016 年
　第 2 期。
②范明志:《法官员额制的核心价值》,载《人民法院报》2014 年 11 月 10 日,
　第 2 版。

作;(4)一些年纪较大的法官从事诉前调解、案件评查等零散的工作。据此,法院编制内的人员,主要由员额法官(39%)、法官助理、书记员和后勤保障人员组成。《最高人民法院关于完善人民法院司法责任制的若干意见》(法发〔2015〕13 号)和《最高人民法院司法责任制实施意见(试行)》(法发〔2017〕20 号)等文件也是基于上述人员架构出台的。员额制改革后,基层人民法院(乃至中级人民法院)大多采用 1 名法官＋1 名法官助理＋1 名书记员(或 1 名法官＋1 名书记员)组成的团队审理简易程序案件;由法官以及人民陪审员组成相对固定的审判团队审理普通程序案件,形成 3 名法官(人民陪审员)＋1 名法官助理＋1 名书记员的格局。

法官员额制改革,推动审判辅助人员数量与法官数量相匹配,减少法官事务性工作负担,审判质量和效率进一步提升。从 2018 年部分省、市、自治区高级人民法院工作报告来看,员额法官人均结案均在 100 件以上(见表 4.1)。

表 4.1 2017 年各地法官人均结案情况表

| 地方 | 人均结案数 | 增幅(%) | 数据来源 |
|---|---|---|---|
| 北京 | 294.8 | / | 杨万明:《北京市高级人民法院工作报告》,载《北京日报》2018 年 2 月 7 日,第 6 版 |
| 天津 | 216.3 | / | 高憬宏:《天津市高级人民法院工作报告》,载《天津日报》2018 年 3 月 4 日,第 6 版 |
| 内蒙古 | 169.7 | 66.37 | 《一图带你看懂内蒙古高院五年工作报告》,内蒙古法院网 http://nmgfy.chinacourt.org/article/detail/2018/01/id/3187528.shtml,最后访问日期 2018 年 7 月 20 日 |
| 浙江 | 314.9 | / | 李占国:《浙江省高级人民法院工作报告》,载《浙江日报》2018 年 2 月 7 日,第 4 版 |
| 福建 | 186.5 | 15.77 | 马新岚:《福建省高级人民法院工作报告》,载《福建日报》2018 年 2 月 12 日,第 4 版 |
| 湖北 | 133.0 | / | 李静:《湖北省高级人民法院工作报告》,载《湖北日报》2018 年 2 月 9 日,第 5 版 |

续　表

| 地方 | 人均结案数 | 增幅(%) | 数据来源 |
|---|---|---|---|
| 重庆 | 317.0 | / | 杨临萍:《重庆市高级人民法院工作报告》,载《重庆日报》2018年2月11日,第4版 |
| 广东 | 246.2 | / | 龚稼立:《广东省高级人民法院工作报告》,广东法院网 http://www.gdcourts.gov.cn/web/content/40274-? lmdm=10753,最后访问日期2018年7月20日 |
| 广西 | 118.0 | 87 | 黄克:《广西壮族自治区高级人民法院工作报告》,载《广西日报》2018年2月6日,第3版 |
| 贵州 | 188.7 | 139.8 | 韩德洋:《贵州省高级人民法院工作报告》,新华网 http://mini.eastday.com/mobile/18021909-4839563.html,最后访问日期2018年7月20日 |

员额制改革的完成决定了当下各级法院人员职责的两大基本状况。第一,法官单独职务序列,即法官与法官助理、书记员、执行员等审判辅助人员相分离。法官的职责明确为"让审理者裁判,由裁判者负责"。法官助理的职责明确为辅助和协助,具体包括组织庭前证据交换、庭前调解、办理财产保全和证据保全、委托鉴定评估、准备审判资料、草拟裁判文书等。书记员的职责明确为记录与归档,具体包括庭前准备、宣布纪律、庭审记录、文书存档、文书送达和文书上网等。第二,入额法官的业绩考评既反映司法体制综合配套改革的成效,又与法官的收入密切相关,在重视审判质量的同时,办结案件的数量始终会是一个考评指标。从2017年省、自治区、直辖市高级人民法院工作报告可知,各地入额法官人均结案量不低于100件,发达地区大多在200件以上。有学者测算,"当法官的辅助性审判工作完全可以交由法官助理及书记员去完成时,法官的审判工作量可以趋向于282件"[1]。

---

[1] 王静等:《如何编制法官员额——基于民事案件工作量的分类与测量》,载《法制与社会发展》2015年第2期。

然而，少年法庭长期以来面临的一个重要问题在于"吃不饱"。20 世纪 90 年代部分地区探索的"指定管辖模式"、2006 年在 17 家中级人民法院开展的全国性少年综合庭试点改革、2016 年推出的家事审判改革，都试图回应乃至解决少年法庭的案件数量问题。① 各地实证调研的数据也揭示了少年法庭"吃不饱"问题的全国普遍性，例如，大庆市高新技术产业开发区法院少年法庭审理未成年人犯罪案件，2008 年 5 件（8 人）、2009 年 4 件（5 人）、2010 年 54 件（65 人）、2011 年 138 件（164 人），虽然呈现增长的趋势，但依然无法与其他审判庭相比；②北京市房山区法院少年法庭自 2011 年 4 月至 2017 年 6 月，共判处未成年犯 235 人，其中判处非监禁刑和免予刑事处罚的共 115 人；③B 市 L 区法院自 2005 年 1 月 1 日起集中审理 B 市辖区除中级人民法院级别管辖以外的未成年人刑事案件，并于 2010 年 12 月设立 L 区法院未成年人综合案件审判庭，2008 年至 2012 年，受理的刑事案件数量分别为 48、41、46、57 和 49 件，2012 年审结刑事案件 49 件、民事案件 27 件、行政案件 0 件。④

根据中国司法大数据研究院 2018 年 6 月 1 日出具的《从司法大数据看我国未成年人权益司法保护和未成年人犯罪特点及其预防》报告，2009 年至 2017 年，全国未成年人犯罪数量呈持续下降趋势。其中，近五年犯罪人数下降幅度较大，平均降幅超过 12％，2016 年降幅更是达到 18.47％。我国已成为世界上未成年

---

①姚建龙：《中国少年司法的历史、现状与未来》，载《法律适用》2017 年第 19 期。

②赵丹青，李国莉：《未成年人刑事审判原则和制度贯彻中的问题与完善——以大庆市高新技术产业开发区少年法庭为视角的分析》，载《大庆社会科学》2012 年第 3 期。

③孙洁：《体现司法延伸的"房山样本"》，载《民主与法制》2017 年第 48 期。

④王宇堂，武波：《论少年法庭机制改革的完善——以 L 区法院未成年人综合案件审判庭为视角》，载《预防青少年犯罪研究》2014 年第 3 期。

人犯罪率最低的国家之一（见图 4.1）。[①] 以全国未成年人刑事案件每年 40000 件为标准，分配到全国 2253 个少年法庭，那么，少年法庭年均受理案件的数据仅 17.8 件，即使考虑到同一案件的二审和再审，距离入额法官年人均结案量 100 件的底线还远远不足。

案件数（件）

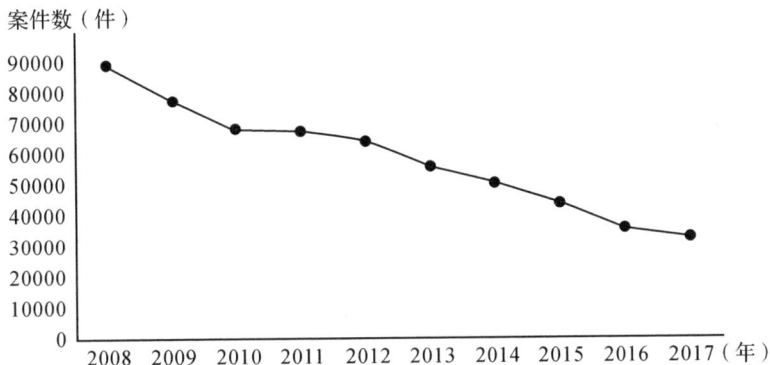

图 4.1　我国未成年人刑事犯罪案件数量

与此同时，在法院人员分类管理制度改革的框架下，我国少年法庭法官的职责应当与其他审判庭（合议庭）法官的职责是一致的。也就是说，少年司法的庭外工作，包括但不限于社会调查、庭前走访、心理疏导、定期回访、普法教育等辅助性工作，应当属于少年法庭法官助理的职责范围，而不属于入额法官的职责范围。不难得出少年法庭法官工作量严重不足的基本结论。

在员额制背景下，少年法庭法官队伍建设问题实际上关涉少年法庭存续的可能性——至于必要性，前面的章节已经深入剖析，在此无需赘述。本研究认为：

第一，少年法庭法官队伍的专职专业原则，有必要继续坚持。30 余年的探索和实践充分证明专职专业的法官队伍，在保障未

---

①中国司法大数据研究院：《从司法大数据看我国未成年人权益司法保护和未成年人犯罪特点及其预防》，http://www.court.gov.cn/upload/file/2018/06/01/10/12/20180601101246_54227.pdf，最后访问日期 2018 年 7 月 21 日。

成年人健康成长、促进未成年犯罪人重返社会等方面发挥了重要作用。本研究的调查显示，就问题"您是否认为有必要设立专门的机构（少年法庭）来审理未成年人的案件"的答案，89.15%的被调查者认为有必要，6.46%的被调查者认为没有必要，4.39%的被调查者选择不清楚。该问题的答案与被调查者的年龄段进行交叉分析，可以看到，31—40周岁、41—50周岁的被调查者对设立独立的未成年人案件审判机构（少年法庭）的赞同程度最高，而该年龄段被调查者的子女多正处于未成年人阶段（见表4.2）。同时，工作年限在5年以上的被调查者更倾向于设立少年法庭（见表4.3）。这在一定程度上，能够反映社会的现实需求。

表4.2　对设立少年法庭必要性的调查数据（年龄段）

| 年龄组 | 有必要<br>（人数/占比） | 没有必要<br>（人数/占比） | 不清楚<br>（人数/占比） | 小计 |
|---|---|---|---|---|
| 30 岁以下 | 111/86.72% | 7/5.47% | 10/7.81% | 128 |
| 31—40 岁 | 157/92.35% | 9/5.29% | 4/2.35% | 170 |
| 41—50 岁 | 52/89.66% | 4/6.9% | 2/3.45% | 58 |
| 51—60 岁 | 21/80.77% | 5/19.23% | 0/0% | 26 |
| 61 岁以上 | 4/80% | 0/0% | 1/20% | 5 |

表4.3　对设立少年法庭必要性的调查数据（工作年限）

| 工作年限 | 有必要<br>（人数/占比） | 没有必要<br>（人数/占比） | 不清楚<br>（人数/占比） | 小计 |
|---|---|---|---|---|
| 在校生 | 35/81.4% | 4/9.3% | 4/9.3% | 43 |
| 未满 5 年 | 69/87.34% | 3/3.8% | 7/8.86% | 79 |
| 5—9 年 | 65/92.86% | 3/4.29% | 2/2.86% | 70 |
| 10 年以上 | 176/90.26% | 15/7.69% | 4/2.05% | 195 |

第二，少年法庭的法官队伍建设，应当以员额制为依据。法官员额制改革是近年来我国法院系统人事改革的重要举措，少年法庭作为全国法院系统的组成部分，不应当成为例外，也就是说，

在同一个法院内部,少年法庭的法官和审判辅助人员与其他审判庭(合议庭)的法官和审判辅助人员,在人均工作有效时间、审理案件数量以及相应的收入水平应当保持基本一致。需要强调的是,虽然少年法庭的职能除了审判之外,还承担教育、感化、挽救的职能,兼顾司法效应和社会效应,但是,在员额制改革完成后,少年法庭的法官职能也应当与其他审判庭(合议庭)的法官职能保持基本一致。审判以外的关爱、帮教、回访等活动,应当交由法官助理完成。总而言之,少年法庭的法官在工作属性上就是纯粹的审判人员,辅助工作应当剥离出去。只有这样,各级法院对法官的考核指标才能公平地适用于少年法庭的法官。

第三,根据上述两点,少年法庭坚持专职专业的法官队伍与少年法庭实际受理的未成年人刑事犯罪案件数量有限之间的矛盾,只有一条改革发展路径,即重新审视少年法庭的受案范围,通过扩大受案范围来解决"吃不饱"的现实问题。少年法庭受案范围的调整问题,将在下一节专门讨论。

### (三)少年法庭法官和法官助理的任职要求

规范少年法庭法官准入标准,这是少年司法研究领域学者的共识,或建议制定统一的少年法庭法官的员额标准、任职资格,细化任职条件和审查认定办法,[1]或基于少年司法人员的特殊性,提出加强少年司法人员的职业准入、专业能力与职业共同体建设。[2]

本研究在调查过程中同样发现少年司法这一相对独立的领

---

[1]颜茂昆:《关于深化少年法庭改革若干问题的思考》,载《法律适用》2017年第19期。

[2]姚建龙:《中国少年司法的历史、现状与未来》,载《法律适用》2017年第19期。

域,应当有一定的准入标准和任职资格要求。在 124 名法院系统工作人员中,听说过《联合国少年司法最低限度标准规则》(北京规则)的仅占 42.74%,听说过《联合国预防少年犯罪准则》(利雅得准则)的也仅占 41.19%。为了与其他国际人权文件进行对照,问卷同时列入《联合国公民权利与政治权利国际公约》作为参照,法院系统工作人员听说过该公约的占 73.39%。

进一步筛选分析,在听说过《联合国公民权利与政治权利国际公约》的 91 名法院系统工作人员中,工作年限 10 年以上的占 70.33%、5—9 年的占 19.78%,未满 5 年的占 9.89%;研究生学历(含在读)占 68.13%,本科学历(含在读)占 30.77%,大专学历(含在读)占 1.1%。可以看出,这个群体是法院系统内的骨干力量,而且对国际人权文件有所了解。但是,在该组被调查者中,听说过《联合国少年司法最低限度标准规则》(北京规则)的还是只有 57.14%,听说过《联合国预防少年犯罪准则》(利雅得准则)的也只有 62.64%。

这些数据充分说明,少年司法在司法领域中是一个冷门。少年司法的人权保护对于法院系统的工作人员而言,不属于日常业务活动频繁接触的知识。据此,本研究认为,有必要针对少年法庭的法官和法官助理确立专业领域的任职要求。

在培训的模式方面,其他国家和地区对少年法庭法官的任职要求,大致可以分为两种模式。(1)达标模式。这种模式注重资格认定标准的确立,对少年法庭法官的任职,或要求攻读并取得相关学位、或要求撰写并发表相关论文。达标模式的优势在于实施成本低。其劣势也很明显,在制度创设即立法层面如何确立标准,并非容易。同时也易滋生学术不端与学术腐败。(2)培训模式。培训模式的特点在于普通法官通过一段时间的培训,掌握未成年人保护的原理和知识,从而胜任少年法庭的法官职务。美国《佐治亚州少年法院统一规则》确立的是年度培训的培训模式。事实上,几乎所有国家和地区都强调少年法庭法官的任职培训,无论是将培训作为达标模式的标准之一,还是将培训作为"常抓常管"的日常工作。结合我国实际情况,本研究倾向于以培训模式提升少年法庭法官与法官助理的业务水平。

在培训的时间方面,美国佐治亚州规定为每年 16 小时。本研究认为,我国少年法庭的法官和法官助理任职培训以每年 8 小时为宜,主要考虑两个方面因素:(1)法官和法官助理日常学习培训任务的时长并不少,既包括学习党中央的会议精神和关于法治的部署文件,又包括诉讼法、实体法和司法解释出台或修改后的业务知识学习。因此,在不能挤占政治学习和其他业务学习时间的前提下,与未成年人保护和少年司法直接相关的培训,确保每年 8 小时是比较合理的。(2)少年法庭建设是一个不断发展变化的过程,美国少年法庭百余年的发展在理念上已经发生很大变化,因此,少年法庭法官和法官助理任职资格的获得并不在于通过某场考试,而在于与时俱进地跟上司法政策和司法理念的革新。年度培训模式的意义在于其持续性,因此,相对而言,每年的单次培训就可以缩短到 8 小时。在具体操作上,高级人民法院可以设计培训内容,组织培训力量,到辖区的各地进行为期一天的培训活动;中级人民法院牵头安排各基层人民法院少年法庭的法官和法官助理参加统一培训。

在培训的内容方面,包括但不限于三个层次:(1)未成年人保护的司法理念。从国际人权文件到国外少年司法实践,就少年司法的基本规律和国际共识开展授课,尤其是宣传讲解《联合国少年司法最低限度标准规则》(北京规则,1985)、《联合国预防少年犯罪准则》(利雅得准则,1990)、《联合国保护被剥夺自由的少年规则》(1990)、《刑事司法系统中儿童问题行动指南》(1997)和《关于在涉及罪行的儿童被害人和证人的事项上坚持公理的准则》

(2005)等文件。这是中国作为负责任大国,在未成年人司法人权保障领域所承担的人权教育义务。(2)我国少年法庭改革发展的动向。从国家立法到最高人民法院、最高人民检察院出台的司法解释,就少年司法的国家制度开展授课,尤其是宣传讲解当今少年法庭改革的新动向和新部署。这是少年法庭法官和法官助理在日常工作中的思路和方向的把握,也是确保国家法制统一的手段。(3)关联学科的知识和技巧。从心理学、教育学到沟通对话方式,尤其是宣传讲解如何与未成年人进行有效沟通,这是实现"寓教于审"必须具备的能力。

### (四)民族地区少年法庭法官的双语培训①

我国是一个统一的多民族国家,少年法庭人员专职专业化建设应当将少数民族地区的特殊性考虑在内。少数民族地区的少年法庭在审判活动中要尊重当地未成年人使用本民族语言文字进行诉讼的权利。事实上,少数民族的未成年人使用本民族语言文字进行诉讼的最根本目的,就是在审理的过程中,当事人和其他诉讼参与人能够与法官开展有效的对话,达到无障碍沟通的效果。达到这个效果可以采用两种途径:(1)借助翻译。由翻译建立起对话桥梁,其弊端显而易见,语言在传递过程中存在客观的语素遗漏,而且翻译人员自身也无法避免主观偏好的无意识侵扰。在力求精准明确的司法语言对话中,翻译弱化了交流的准确性。(2)不借助翻译。这就要求法官自身掌握,甚至通晓少数民族所使用的语言,不经翻译的转述,直接向当事人收集并传达信息,诉讼活动的质量和效率就可以得到保

---

①本部分文稿曾以《培训双语法官是保障少数民族诉讼权利的有效途径》为题,发表于《中国民族报》2016 年 11 月 4 日,第 7 版,删减修改后纳入本研究报告,特此说明。

障,也就要求审理案件的是双语法官。所谓双语法官是指在少数民族地区既懂国家通用语言文字(即普通话和规范汉字)又懂当地少数民族语言文字,能够熟练使用两种语言审判案件的法官。少数民族地区的少年法官的培养,也应当纳入双语法官培训的框架之中。

在具体开展过程中,首先要坚持培训人员多层次的方针。在培养基地和师资力量有限的前提下,将少数民族地区少年法庭的审判人员全部推行双语化并不现实,而应当分层次开展培训。第一层次是专家型双语法官,既精通审判业务,又能熟练使用双语审判并撰写文书,这是少数民族地区人民法院的骨干力量。以双语为工作语言的普通法官,通过到上级人民法院挂职锻炼,赴东、中部地区人民法院进行业务交流,到法官学院接受职业教育等方式,逐步成长为专家型双语法官;以国家通用语言文字或当地少数民族语言文字中的一种为工作语言的业务骨干,通过组织学习和自学另一种语言,在能够熟练驾驭两种语言后,也可以成长为专家型双语法官。第二层次是解说型双语法官,这种类型的双语法官不一定具备独立撰写双语文书的能力,但在审理具体案件的过程中,无须通过翻译,可以直接使用双语向当事人释理说法,从而推动程序的进行。第三层次是储备型双语法官,即尚不具备双语工作能力,但有成长为双语法官的主观意愿,开始有意识地接触母语之外的另一种语言。培训人员在层次上的区分,有助于培训工作的有的放矢。对业务欠缺、双语娴熟的法官无须开展语言培训,而对语言欠缺的法官,需根据其不同层次,制定不同的培训方案,开设不同难度的语言课程。

少数民族地区少年法庭的双语法官培训,还要坚持培训措施多类型的方针,实现四个方面的结合:(1)短训与长练相结合。基层法院的业务庭工作任务重,法官没有整块的业余时间可以接受全日制的语言教育。因此,语言培训只能是短期的,以一个月到三个月为期进行轮训。熟能生巧是语言学习的基本规律,法官的日常练习是提高双语驾驭能力必不可少的环节,日常开庭中可以在翻译人员的协助下,逐步使用双语。(2)基地与处室相结合。国家法官学院在少数民族省区的分院是双语法官的培训基地。例如,国家法官学院的西藏分院和青海分院是藏汉双语法官的培训基地,承担双语法官队伍正规化、专业化、职业化建设的职能。基地接受培训的人员和时间毕竟有限,少数民族地区各级人民法院的办公室、研究室和政治处也要开展各种形式的培训活动,在少数民族地区人民法院内部营造"学双语、用双语"的氛围,潜移默化地提升法官的双语水平。(3)法院与高校相结合。高校承担人才培养、科学研究和社会服务三大职能,应当参与到双语法官培训工作中来。民族院校和语言院校有丰富的语言教研资源,可以通过教师挂职、法官轮训、集中授课等方式为双语法官培训提供师资支持;通过双语法律词典和培训教材的编译和出版,为法官自学提供书本支持。(4)语言与专业相结合。双语法官的培养在语言和专业两方面均不可偏废:语言学习是区别于普通法官的表征,专业学习是区别于翻译人员的要求。学以致用、同步推进是双语法官培养的基本方向。

## 二、少年法庭的受案范围调整

受案范围是少年法庭区别于其他合议庭乃至审判庭的标志,也是少年法庭法官专职专业建设的基础。我国少年法庭的深化改革,如果要在顶层设计上构建可以在全国范围推广的模式,那就必须弄清楚少年法庭的受案范围问题。

### (一)我国少年法庭受案范围的各地实践

目前我国少年法庭的受案范围,各地因地制宜,以往或目前

探索试验不同的路径,形成下述四种模式:

第一,未成年人刑事犯罪案件受理模式。我国最早出现的少年法庭就是未成年人刑事案件合议庭,即学界所俗称的"长宁模式",随着少年法庭建设受重视程度加大,专门审理未成年人刑事犯罪案件的合议庭也扩充成为审判庭。在这种模式下,少年法庭或者隶属于刑事审判庭,由刑事审判庭指定熟悉少年司法工作的审判人员专门审理未成年人刑事犯罪案件,或者将刑事审判庭按照受案范围的不同设立刑一庭、刑二庭、刑三庭等,其中一庭专门审理未成年人刑事犯罪案件。案件来源根据刑事诉讼法关于地域管辖和级别管辖的规定而确定之。

第二,未成年人案件综合受理模式。江苏省常州市天宁区人民法院最早尝试,即学界所俗称的"天宁模式"。2006 年,全国法院第五次少年法庭工作会议召开后,最高人民法院启动部分中级人民法院设立未成年人案件综合审判庭试点,确定了 15 个省、市、自治区的 17 个中级法院作为试点单位,采用的即是这种模式。在这种模式下,未成年人案件综合审判庭与普通的刑事审判庭、民事审判庭和行政审判庭相并列,将涉及未成年人的刑事、民事、行政案件全部纳入受案范围,即不管案件类别,仅以当事人年龄为界分标准。这种模式在很大程度上缓解了未成年人刑事审判庭"吃不饱"的状况。

第三,未成年人刑事犯罪案件指定管辖模式。1998 年,连云港市法院系统推出未成年人案件的管辖新方式,将云台、连云的未成年人刑事案件集中指定给新浦、海州法院少年法庭办理,[①]学界因此称之为"连云港模式"。指定管辖改革的出发点也在于解决未成年人属地管辖"吃不饱"的问题。

---

① 盛茂:《我市法院加强未成年人权益司法保护》,载《连云港日报》2009 年 6 月 4 日,第 A06 版。

第四,有学者还提出了未成年人刑事案件年龄放宽的受理模式,即河南省兰考县人民法院曾经采用的"兰考模式"。做法是将被告人或被害人年龄在 25 周岁以下的刑事案件都纳入青少年刑庭的管辖范围。目前该模式已被兰考县人民法院放弃。① 目前,少年司法领域所谓的"兰考模式"更多是指"社会调查员参与法庭审理",2000 年 6 月,河南省兰考县人民法院审判委员会通过《兰考县人民法院青少年刑事案件审判庭社会调查工作规则(试行)》,其中第四条规定:"青少年法庭设社会调查员,负责社会调查,制作调查报告,参与法庭审理,跟踪帮教考察等工作。"②

综合上述阐述,四种模式的关系可以表述为,未成年人刑事犯罪案件受理模式(长宁模式)是少年法庭的初创模式,直接解决未成年人刑事案件专人专庭审理问题,这也是我国少年司法最初的设想。但在实际操作中,未成年人刑事案件数量有限,未成年人刑事审判庭甚至合议庭面临案源不足的客观现实问题。各地分别从案件集中和案源扩大两个维度尝试改革,案件集中,保持未成年人刑事犯罪案件的标准,把全市的相关案件通过指定管辖集中到一家或几家基层法院的少年法庭审理(连云港模式);案源扩大,突破未成年人刑事犯罪案件的标准,或扩大到民事、行政案件的受理范围(天宁模式),或扩大到 25 周岁当事人的受理范围(兰考模式)。从某种意义上说,我国少年法庭 20 世纪末以来的改革,始终绕不开案源数量少的客观问题。

---

① 赵国玲主编:《未成年人司法制度改革研究》,北京:北京大学出版社 2011 年版,第 134 页。
② 陈立毅:《我国未成年人刑事案件社会调查制度研究》,载《中国刑事法杂志》2012 年第 6 期。

## (二)我国少年法庭受案范围的改革方向

少年法庭受案范围的调整涉及少年法庭本身的机构设置,最高人民法院对少年法庭的态度也并不明朗,"试行永远在路上",至今没有提出一个板上钉钉的改革方案。事实上,少年司法会议的召开,充其量只能说明少年司法的重要性,但在具体怎么做的实践层面,本研究认为"试行"应该进一步迈向"施行",即由最高人民法院出具一个全国性的改革方案,从而确立未来 30 年甚至更长时间的少年司法机构设置方式。①

确立少年法庭受案范围应当考虑三大因素,即法治改革尤其是司法改革的宏观导向、案件数量的现实需求、司法工作人员的意向态度。

在宏观政策层面,当下司法改革的总目标是"努力让人民群众在每一个司法案件中感受到公平正义"②。全面深化司法改革工作涉及下述方面:(1)法官员额制改革,以审判为中心,推动法院去行政化建设,一线办案法官的主体地位得到加强,全国法院由独任法官、合议庭直接签发裁判文书的案件数量占到案件总数 98％以上。(2)刑事诉讼制度改革,推进简案快审、难案精审、宽严得当,适用速裁程序审结的占 69.7％,非监禁刑适用率达 41.4％。(3)法院组织体系改革,设立跨行政区划法院,知识产权法院、互联网法院、金融法院应运而生,在法院内部简化管理层

---

①审判庭的建立、合并乃至取消是一个因时制宜的命题,在我国人民法院史上也有先例,例如,1979 年随着以经济建设为中心的政策调整,经济审判工作提上日程,1983 年全国各级人民法院普遍设立经济审判庭,到 2000 年经济审判庭撤销,改为民事审判庭。

②《中共中央关于全面推进依法治国若干重大问题的决定》,载《人民日报》 2014 年 10 月 29 日,第 1 版。

级,整合业务相近、职能交叉的非审判业务机构。(4)立案登记、执行查控、司法公开等围绕司法为民、便民的改革,推进司法透明和司法效能建设。宏观司法政策对少年法庭受案范围的影响主要表现为,落实司法责任制,对未成年人刑事犯罪案件的审判适用速裁程序,在法院内部通过机构改革提升审判效能,注重少年司法的社会效果。

在案件数量层面,在未成年人刑事犯罪案件数量逐年减少的同时,涉未成年人权益保护案件的数量逐年增加。2013 至 2017 年,涉未成年人权益保护案件呈总体上升趋势,从 2013 年的 8.3 万件增加至 2017 年的 11.8 万件,年均增长率达 10.46%。在民事领域,以抚养关系纠纷、抚育费纠纷、监护权纠纷、探视子女权纠纷为主;在刑事领域,以拐卖儿童、猥亵儿童、奸淫幼女、组织儿童乞讨案件为主。① 这些全国性的统计数据表明,少年法庭的核心任务不是通过依法审判惩处、打击未成年人犯罪,而是通过依法审判化解未成年人家庭矛盾、改善未成年人成长环境,从而预防、遏制未成年人犯罪。数据显示,2016 年 1 月 1 日至 2017 年 12 月 31 日,全国法院审结的未成年人犯罪案件中,来自流动家庭、离异家庭、留守家庭、单亲家庭、再婚家庭的未成年人排名前五,充分说明上述家庭中的相关因素对未成年人健康成长影响巨大,是开展未成年人犯罪家庭预防的重点。因此,少年法庭在受案范围上应当有所扩大,不应再局限于未成年人刑事犯罪案件,而应当将受害人是未成年人的案件和涉及未成年人家庭环境的案件都囊括进来。

在司法工作人员的意向选择层面,有学者对 403 名法官进行

---

① 中国司法大数据研究院:《从司法大数据看我国未成年人权益司法保护和未成年人犯罪特点及其预防》,http://www.court.gov.cn/upload/file/2018/06/01/10/12/20180601101246_54227.pdf,最后访问日期 2018 年 7 月 21 日。

的调查数据显示,33.70％的被调查者主张设立少年法庭,25.10％主张设立少年刑庭,22.83％主张设立少年综合庭,17.37％主张分级设立不同机构,综合来看,56.58％的被调查者赞成未成年人刑事和民事等各类案件均有一个独立审判机构受理。① 本研究的调查显示,就问题"如果设立审理未成年人案件的专门机构(少年法庭),那么其受案范围是?"的答案,64.86％的被调查者认为"没有特别限制"(见图4.2)。该问题的答案与被调查者的职业类别进行交叉分析,可以看到更为凸显的倾向性结论(见表4.4)。检察院系统工作人员(80％)和法院系统工作人员(70.16％)对少年法庭的受案范围扩大到综合领域的赞同度最高。还有被调查者在问题"如果还有其他相关的意见,请告诉我们"中补充回答:"专门机构的案件应当包括刑事、涉及未成年人家事以及行政案件","受案范围:所有涉及未成年人权益的案件"等内容。这些数据显示,绝大多数的司法工作人员倾向于将涉及未成年人的民事(家事)案件纳入少年法庭的受案范围,以改变目前的未成年人刑事犯罪案件受理模式(长宁模式)。

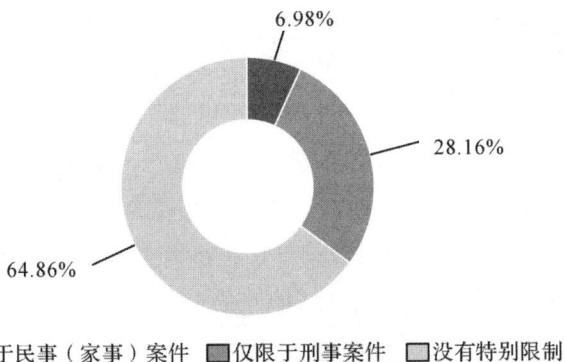

6.98%

28.16%

64.86%

■仅限于民事(家事)案件 ■仅限于刑事案件 □没有特别限制

**图4.2 少年法庭受案范围调查数据**

---

①赵国玲主编:《未成年人司法制度改革研究》,北京:北京大学出版社2011年版,第135页。

表 4.4 对少年法庭受案范围的调查数据(工作类别)

| 工作类别 | 仅限于民事(家事)案件(数量/占比) | 仅限于刑事案件(数量/占比) | 没有特别限制(数量/占比) | 小计 |
|---|---|---|---|---|
| 法院系统工作人员 | 9/7.26% | 28/22.58% | 87/70.16% | 124 |
| 检察院系统工作人员 | 1/6.67% | 2/13.33% | 12/80% | 15 |
| 律师事务所工作人员 | 3/4.62% | 24/36.92% | 38/58.46% | 65 |
| 高校或科研机构工作人员 | 1/2.63% | 12/31.58% | 25/65.79% | 38 |
| 在校学生 | 1/2.27% | 18/40.91% | 25/56.82% | 44 |
| 其他 | 12/11.88% | 25/24.75% | 64/63.37% | 101 |

　　此外,国外少年司法的实践也倾向于建立综合性的未成年人审判机构。日本的家庭裁判所管辖面囊括离婚、继承、家庭、抚育类案件,以及未成年人违法犯罪案件、侵犯未成年人权益的成人案件。[1] 意大利的少年法院也综合审理民事、刑事和行政案件,"将民法与刑法分离一直是遭到反对的"[2]。

　　综合上述分析,我国少年法庭受案范围的改革方向应当是扩大受案范围。本研究认为,少年法庭受案范围最终应当包括四个大类:(1)未成年人刑事犯罪案件,这是传统的受案范围,即未满18周岁当事人的刑事案件,含共同犯罪主犯未满18周岁、共同犯罪三分之一以上被告人未满18周岁。(2)未成年人遭受侵害的各类案件,既包括未成年人作为受害者的普通民事案件(如未成年人遭受机动车交通事故、饲养动物损害等),又包括未成年人作为受害者的普通刑事案件(如拐卖儿童、猥亵儿童、奸淫幼女、组织儿童乞讨等),少年法庭以保护未成年人合法权益为宗旨,将这

---

[1]陆琦:《中外少年司法制度研究》,北京:中国检察出版社 2008 年版,第163 页。

[2]杨旭:《意大利少年司法社会化研究》,北京:中国社会科学出版社 2015 年版,第 77 页。

类案件纳入受案范围,已经在实践中广泛推行。(3)未成年人家事案件,关于家事案件,目前正在推行家事审判改革,这个问题在下一节作专门的讨论。(4)未成年人实施"严重不良行为"的案件,这类案件涉及的是严重危害社会,但尚不够刑事处罚的违法行为,类似于日本法的"虞犯"、美国法的"越轨行为"。我国《预防未成年人犯罪法》区分了"不良行为"(第十四条)[1]和"严重不良行为"(第三十四条)[2]两个层次:对于前者,法律要求家长加强监管,学校加强教育,可以理解为偏向私力的处理;对于后者,法律规定严加管教、工读学校矫治、治安处罚、收容教养等法律责任,可以理解为偏向公力的处理。事实上,未成年人实施严重不良行为意味着其父母或者其他监护人和学校在管教上出现漏洞甚至失效,因此,目前对于"严重不良行为"的处罚主要是教育行政部门批准的工读学校矫治,公安机关做出的治安处罚,以及公安机关决定的劳动教养、收容教养。[3]　就当下而言,未成年人或其父母或者其他监护人不服教育行政部门或公安机关的处理决定而提起诉讼的,当然属于少年法庭的受案范围。本研究同时认为,无论工读学校矫治,还是收容教养,都限制了未成年人的人身自由,本着谨慎处置、从严控制的要求,在未来改革的方向上,可以考虑由少年法庭裁决,相关行政机关执行。也就是说,对未成年

---

[1] 具体包括旷课、夜不归宿;携带管制刀具;打架斗殴、辱骂他人;强行向他人索要财物;偷窃、故意毁坏财物;参与赌博或者变相赌博;观看、收听色情、淫秽的音像制品、读物等;进入法律、法规规定未成年人不适宜进入的营业性歌舞厅等场所;其他严重违背社会公德的不良行为。

[2] 具体包括纠集他人结伙滋事,扰乱治安;携带管制刀具,屡教不改;多次拦截殴打他人或者强行索要他人财物;传播淫秽的读物或者音像制品等;进行淫乱或者色情、卖淫活动;多次偷窃;参与赌博,屡教不改;吸食、注射毒品;其他严重危害社会的行为。

[3] 公安部 1995 年 10 月 23 日印发的《公安机关办理未成年人违法犯罪案件的规定》(公发〔1995〕17 号)。

人"严重不良行为"做出限制人身自由的处罚,其决定权建议从行政机关转到少年法庭,而少年法庭扮演类似于英美法系的治安法院角色。

## 三、少年法庭的组织机构设置

纵观我国少年法庭的设置,从中央到地方可以概括为"中央一小组、地方三级庭"的模式:在最高人民法院层面,设少年法庭指导小组,并在研究室设少年法庭工作办公室;在地方层面,基层人民法院、中级人民法院和高级人民法院设少年法庭,具体表现为未成年人案件审判庭、未成年人刑事案件合议庭、未成年人案件综合审判庭等多种形式。2016 年全国法院系统开启家事审判方式和工作机制试点改革,在此背景下,少年法庭的组织机构设置需要回应和调整。

### (一)家事审判改革概况

2016 年 4 月 21 日,《最高人民法院关于开展家事审判方式和工作机制改革试点工作的意见》(法〔2016〕128 号)和《最高人民法院关于在部分法院开展家事审判方式和工作机制改革试点工作的通知》(法〔2016〕129 号)的颁布,标志着我国家事审判试点改革的启动。全国 100 余家基层人民法院和中级人民法院开展为期两年的改革试点工作,探索家事审判专业化发展道路。

最高人民法院注意到家事审判与未成年人审判(即少年司法)的相关性,因此,在试点模式方面提出两种路径供试点法院选择。(1)未成年人审判与家事审判合并试点,通过设立或更名"家事少年审判庭",将家事案件、未成年人刑事案件、被害人是未成年人的刑事案件一并纳入该庭的案件受理范围。(2)未成年人审

判与家事审判分头试点,少年法庭以刑事案件为主,基于亲权的
未成年人家事案件归入家事审判。

　　2018 年 7 月 18 日,两年改革试点期满后,《最高人民法院关
于进一步深化家事审判方式和工作机制改革的意见(试行)》(法
发〔2018〕12 号)出台,“就进一步深化家事审判方式和工作机制
改革”做出全国性的部署安排。7 月 19 日,全国法院家事审判方
式和工作机制改革试点工作总结大会暨家事审判方式和工作机
制改革联席会议第二次全体大会召开。会议肯定家事审判改革
为期两年的试点,“各项工作扎实有序推进,取得明显成效”①。
据此,家事审判改革仍将继续,对未来全国各级法院的机构设置
将产生实质性影响。

## (二)少年法庭的组织机构设想

　　家事审判改革的全国推开,必然要求少年法庭在组织机构上
做出相应调整。未成年人审判与家事审判的合并与分立,主要取
决于两者之间的差异程度。从法院机构改革的历史看,曾经的经
济审判在程序上主要适用民事诉讼法,在实体上主要适用公司
法、票据法、合同法、担保法等传统的民商事法律,与民事审判的
差异较小,最终被民事审判所吸收。关于未成年人审判与家事审
判是否能够在组织机构上实现合并,有学者坚持少年司法的有限
性,将其规定为综合治理少年犯罪的一个环节,主张防止少年法
院的宽泛化,对于涉及未成年人的民事、行政案件,不应纳入少年
法院的受案范围。② 更为折中的看法是继续保持并推行多元化

①周斌:《提高家事审判水平　促进新时代家庭文明建设》,载《法制日报》
　2018 年 7 月 20 日,第 1 版。
②翁跃强,雷小政主编:《未成年人刑事司法程序研究》,北京:中国检察出版
　社 2010 年版,第 182—183 页。

模式,认为我国的国情决定了未成年人审判组织在机构设置上不可能也不应该采用整齐划一的单一模式,而是应当因地制宜,建立多种模式并存的组织体系。①

本研究主张未成年人审判与家事审判合并设立"家事少年审判庭",其理据在于:

第一,少年法庭与家事法庭的司法理念相通。"司法理念是指导司法制度设计和司法实际运作的理论基础和主导的价值观。"②少年司法制度创设的初衷,《最高人民法院关于办理少年刑事案件的若干规定(试行)》(法〔研〕发〔1991〕3 号)第一条明确为"维护少年被告人的合法权益"、"依法惩罚和教育少年罪犯"、"保障无罪的少年不受刑事追究"三个目标,其中,后两者所指涉的是同一内容的正反两个方面,据此,少年司法制度的逻辑起点在于"保护未成年人"和"依法对未成年罪犯定罪量刑"。家事审判制度创设的初衷,《最高人民法院关于开展家事审判方式和工作机制改革试点工作的意见》(法〔2016〕128 号)将改革目标明确为"维护婚姻家庭关系稳定"、"依法保护未成年人、妇女和老年人合法权益"、"弘扬社会主义核心价值观,促进社会建设健康和谐发展"三者。其中,弘扬核心价值观和促进社会和谐是前两者实现的必然结果,那么,家事审判制度的逻辑起点在于"维护婚姻家庭关系稳定"和"保护未成年人、妇女和老年人"。两相对照不难发现,少年司法和家事审判都指向对未成年人的特别保护。因此,对未成年人的权利保护成为合并两者,设立家事少年审判庭的价值导向和正当性基础。

第二,少年法庭与家事法庭的审判程序相近。在目前改革的进程中,少年法庭与家事法庭在审判程序上有很多相近的做法,

①牛凯:《少年法庭改革的发展方向》,载《人民法院报》2018 年 7 月 11 日,第5 版。
②范愉:《现代司法理念的建构》,载《检察日报》2001 年 7 月 17 日,第 3 版。

包括但不限于：(1)引入社会调查、社工陪护、心理咨询等方式，提升司法服务水平。无论少年法庭还是家事法庭都涉及社会学、心理学和教育学的知识，倡导、鼓励和邀请相关专业人士参与协助，做好庭外的配合工作，这是其他领域司法所较少涉及的。(2)保护当事人隐私，普遍采取不公开审理的方式。家事案件和未成年人案件，无论在实体法还是程序法上都要求法院在审判过程中注重对当事人隐私的保护，在实际操作中，当事人申请不公开审理的，法院原则上予以准许。(3)在做出判决之前，充分听取相关主体的意见。在家事案件中，婚姻抚养等事宜的裁判，应当充分听取 8 周岁以上子女的意见；在未成年人案件中，其父母或监护人作为法定代理人享有申请回避、发问、辩护等诉讼权利，在少年被告人最后陈述后还可以补充发言。从程序上看，家事审判往往牵涉未成年人子女的参加，未成年人审判又往往通知父母或监护人到庭，两者在庭审过程中的牵连关系十分明显，具备合并的现实合理性，也符合审判效率的要求。

第三，少年法庭与家事法庭的人员队伍重叠。从改革的时间顺序上看，少年法庭改革试点在先，家事审判改革在后。《最高人民法院关于开展家事审判方式和工作机制改革试点工作的意见》(法〔2016〕128 号)所提出的两种试点模式，合并试点的人员队伍重叠自不待言；分头试点则要求"硬件设施和司法辅助人员尽量共用，以免重复设置造成不必要的浪费"。这就意味着，即使在分头试点模式下，少年法官与家事法官各有其案件审理范围，但法官助理、书记员、执行人员乃至社会调查员应当共用。司法辅助人员的重叠为少年法庭与家事法庭合并提供了人员队伍基础。

在组织机构的设置上，本研究的调查显示，就问题"如果设立审理未成年人案件的专门机构(少年法庭)，那么其设置的层级可以包括(多选)"的答案，支持在不同层级人民法院设立机构的比例分别为：基层人民法院(82.43%)、中级人民法院(81.65%)、高级人民法院(45.22%)和最高人民法院(29.72%)。该问题的答案与被调查者的职业类别进行交叉分析,可以看到更为凸显的倾向性结论:无论何种职业组别,在基层人民法院和中级人民法院设立少年法庭的支持率均达到三分之二以上多数,在最高人民法院设立少年法庭的支持率则非常低(见图4.3)。

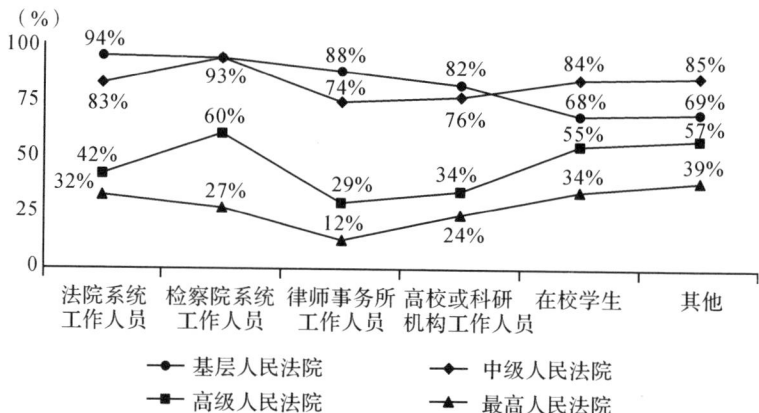

图 4.3　少年法庭设置层级调查数据(工作类别)

综上所述,本研究倾向于在基层人民法院、中级人民法院和高级人民法院设立家事少年审判庭,在最高人民法院设家事少年审判工作指导小组,并在研究室设家事少年法庭审判工作办公室。具体改革方案是在地方三级人民法院:(1)设有未成年人案件综合审判庭的,直接更名为家事少年审判庭,并相应扩大受案范围;(2)设有家事审判庭的,直接更名为家事少年审判庭,并相应扩大受案范围;(3)尚未设有相关审判庭的,将原审理婚姻家庭纠纷的合议庭与原审理未成年人刑事犯罪的合议庭合并,组建新的家事少年审判庭。未成年人刑事犯罪案件和未成年人是受害者的刑事犯罪案件数量较多、员额制法官人数充裕以及少年法庭建制基础较好的地方各级人民法院(尤其是基层人民法院),可以在合议庭的组建上对家事案件和未成年人刑事案件有所区分,使法官的专业性更为凸显;在条件不具备的地方各级人民法院(尤其是高级人民法院），则可以不再细分家事审判和未成年人审判。在最高人民法院，根据《关于建立家事审判方式和工作机制改革联席会议制度的意见》（法〔2017〕18 号）文件精神，最高人民法院所设立的"联席会议办公室"同时为"家事少年法庭审判工作办公室"，采用两块牌子、一套人马的方式，对外与中央综治办、最高人民检察院等 14 家中央部门和单位开展协调合作，对内指导全国各地的家事少年审判工作。

第五章

# 我国少年法庭的特别制度

在组织机构设置方面,本研究认为设立家事少年审判庭是少年法庭①改革的方向,并根据各地各级法院的实际情况,落实法官的专职专业原则。在审判实践领域,最高人民法院曾经出台的专门规定办理未成年人(刑事)案件的司法解释已经废止,目前主要由《最高人民法院关于适用〈中华人民共和国刑事诉讼法〉的解释》(法释〔2012〕21 号)第二十章"未成年人刑事案件诉讼程序"作为少年司法的程序性规定。值得注意的是,2002 年 3 月 25 日,最高人民检察院印发《人民检察院办理未成年人刑事案件的规定》(高检发〔2002〕8 号),并于 2007 年 1 月 9 日(高检发研字〔2007〕1 号)和 2013 年 12 月 27 日(高检发研字〔2013〕7 号)进行两次全面修订,推动了未成年人刑事检察工作制度化建设。

由此可见,最高人民法院对我国未成年人审判工作的关注点,近年来较多地集中于组织机构改革。本研究预测,未来我国少年法庭工作的重点,势必转向人民法院办理未成年人案件的程序制度建设领域。特别是在家事少年审判庭的合并模式框架下,未成年人审判不再局限于未成年人刑事审判,那么,继续沿用《刑事诉讼法》的司法解释就不再妥当了。有学者提出,"当务之急是制定一部独立的司法型少年法典"②。本研究试图在梳理已经出

---

①本研究主张建立"家事少年审判庭",但涉及婚姻、赡养、继承的(成年人)家事审判并非本研究的主题,为了行文的统一,本章继续沿用"少年法庭"的名称,特此说明。

②牛凯:《少年法庭改革的发展方向》,载《人民法院报》2018 年 7 月 11 日,第 5 版。

台(包括被废止的)的司法解释的基础上,结合国外少年司法普遍采用的做法,提炼我国少年法庭的程序性制度。

## 一、社会调查制度

《联合国少年司法最低限度标准规则》(北京规则)第 16 条"社会调查报告"要求,"所有案件除涉及轻微违法行为的案件外,在主管当局做出判决前的最后处理之前,应对少年生活的背景和环境或犯罪的条件进行适当的调查,以便主管当局对案件做出明智的判决"。这是少年司法庭前调查的国际法规范,据此,社会调查制度可以界定为,少年法庭在审理未成年人案件时,对未成年人的家庭、社区或学校等生活环境和教育情况进行调查,并制作书面的社会调查报告,并提交庭审的法定程序和制度。庭前社会调查是未成年人审判所特有的一项制度性安排,对案件办理和未成年人教育有所助益。因此,有从事少年法庭实务审判的法官提出,有必要通过立法,进一步完善社会调查报告的法律依据,包括对社会调查的性质、运作方式,社会调查的机构、人员等做出统一的规定。[1]

### (一)社会调查的价值功能

西方国家刑罚个别化的思潮,教育刑逐步取代报应刑,"因材施教"的观念在刑罚中的渗透,促使社会调查作为一种法定制度,在未成年人刑事犯罪案件的司法审判活动中确定下来。[2]　社会

---

[1]周碧华主编:《少年法庭的创设与探索》,北京:法律出版社 2009 年版,第 28 页。

[2]姚建龙:《青少年犯罪与司法论要》,北京:中国政法大学出版社 2014 年版,第 178 页。

调查制度的法定化,在于其独特的价值功能。

从社会调查的法理依据看,法律是调整人们行为的强制性规范体系,在未成年人审判活动中,法官需要对未成年人的行为进行定性和归类,并通过法律的适用最终做出裁判。之所以未成年人犯罪也要承担相应的刑事责任,是因为法律认为未成年人具备对自己行为的认知能力,即能够辨认其行为并对行为后果做出预测。事实上,人的认知与外部环境有着密切关系。虽然人的行为是由意志所引导和控制,但影响人的行为的因素却大量存在于人的外部,即存在于社会环境之中。在自由意志之外,影响未成年人行为的因素至少还包括生物遗传、家庭环境、童年经历、学校教育、社会文化等方面。社会调查的作用就在于尽可能地提供这些影响未成年人行为的外部因素,衡量这些因素与其行为之间的因果联系,从而评估其行为的特质与社会危害性。例如,已满16周岁不满18周岁的未成年人在便利店多次盗窃相同价款的烟酒和食物,在《刑法》的文本中均被归结为"盗窃公私财物的行为"(第二百六十四条)。如果社会调查报告显示,该未成年人出于饥饿而为盗窃食物的行为,那么,其行为的性质虽无变化,但对其刑事责任的确定,应当充分考虑社会因素,做出更轻的处罚。"社会调查报告所反映的背景事实可以作为案件处理的依据之一,法庭据此做出'明智'的判决。"[1]

从未成年人刑事审判政策看,少年司法秉承教育、感化、挽救的方针,通过审判和惩罚,最终使未成年人接受教训、改过自新、重返社会。社会调查还有助于矫正措施的合理选择。除了监禁刑以外,未成年人承担法律责任的形式包括严加管教、工读学校矫治、治安处罚、收容教养、社区矫正等。选择合适的矫正机制,

---

[1]周碧华主编:《少年法庭的创设与探索》,北京:法律出版社2009年版,第28页。

既要体现罪责刑相统一原则在少年司法领域的适用,又要在社会效果上取得教育、感化和挽救的成绩。社会调查报告在一定程度上能够揭示未成年人的生长环境,而这种生长环境恰恰也是矫正措施发挥效用的社会环境。例如,对于父母或监护人有赌博、吸毒、酗酒等不良嗜好的未成年人而言,依靠父母的严加管教显然不是适当的矫正措施。因此,社会调查的功能还在于为矫正措施的选择提供参考信息。

## (二)社会调查的实施主体

在我国目前的法律规范体系中,未成年人案件审判中社会调查的实施主体并不固定。在中央立法文件的层面(见表 5.1),未成年人刑事案件的社会调查主体大多规定为公安机关、人民检察院和人民法院及其委托的社会组织和机构。

表 5.1　未成年人案件审理的社会调查主体

| 序号 | 调查主体 | 法律和规范性文件依据 |
|---|---|---|
| 1 | 公安机关、人民检察院、人民法院 | 《刑事诉讼法》第二百七十九条 |
| 2 | 公安机关、人民检察院、人民法院、司法行政机关社区矫正工作部门、共青团组织或其他社会组织 | 《关于进一步建立和完善办理未成年人刑事案件配套工作体系的若干意见》(综治委预青领联字〔2010〕1号)第 3.1.6 段 |
| 3 | 公安机关、辩护人、人民检察院、社会调查员(社工、心理专家等专业社会力量) | 《未成年人刑事检察工作指引(试行)》(高检发未检字〔2017〕1 号)第十二、二十八、三十一、四十条 |
| 4 | 公安机关、人民法院、人民检察院、司法行政机关、青少年事务社会工作专业机构 | 《检察机关加强未成年人司法保护八项措施》(高检发诉字〔2015〕3号)第七、八条 |
| 5 | 人民检察院、有关组织和机构、公安机关 | 《人民检察院办理未成年人刑事案件的规定》(高检发研字〔2013〕7号)第九条 |

续　表

| 序号 | 调查主体 | 法律和规范性文件依据 |
|---|---|---|
| 6 | 人民检察院、人民法院、辩护人、司法行政机关、共青团组织以及其他社会团体组织 | 《最高人民法院关于适用〈中华人民共和国刑事诉讼法〉的解释》(法释〔2012〕21 号)第四百七十六条 |
| 7 | 控辩双方、有关社会团体组织 | 《最高人民法院关于审理未成年人刑事案件的若干规定》(法释〔2001〕9 号)第二十一条(失效) |

在地方规范性文件和操作规程的层面,社会调查的主体往往以具体列举的方式予以细化。例如,2012 年 11 月 29 日,首都综治委预防青少年违法犯罪专项组联合北京市公、检、法、司及共青团印发的《关于对未成年犯罪嫌疑人、被告人进行社会调查工作的实施办法(试行)》(首综委预青组联发〔2012〕5 号)第七—九条规定调查主体为公安机关、人民检察院、人民法院及其委托的具备相关资质的社会组织。2013 年 3 月 15 日,山东省律师协会七届常务理事会第八次会议审议通过的《未成年人刑事辩护业务操作指引》第二十二条规定律师和司法机关可以进行社会调查。2013 年 1 月 15 日,济南市律师协会颁布《律师量刑辩护规范指导意见(试行)》第十三条规定调查主体为公安机关、人民检察院、人民法院、其他有关机构。《河南省郑州市管城区人民检察院、人民法院未成年人刑事案件庭审操作规程(试行)》第十四—十六条规定调查主体包括人民检察院、公安机关、司法局、法律援助中心、教育部门、共青团、妇联、工会、离退休人员、未成年人保护组织等。①

在学理研究上,有学者认为,"实现对罪错少年的一体化保护,是构建中国特色少年司法制度的重要目标,而建立专门的机

---

①陈国庆主编:《〈人民检察院办理未成年人刑事案件的规定〉释义》,北京:中国检察出版社 2014 年版,第 251—252 页。

构是实现这一目标所必需的"[①]。本研究对此并不赞同,其理由在于:未成年人案件的社会调查主要是刑事领域的法定程序,未成年人刑事案件数量的有限性决定了未成年人审判发展的方向是与家事审判相融合,审判机构的单独设立尚面临挑战,为审判服务的调查机构就无单独设立的必要了。另外,如果设立专门的社会调查机构,其运营经费的承担也成问题。如果由国家财政支出,势必加重税负,与精简机构的改革方向背道而驰;如果由机构自行承担,在接受委托调查的案源数量有限时,机构的生存堪忧。

综上所述,本研究认为,社会调查主体的确定应当总结现有做法积累的经验,充分利用现有的司法和社会资源,把改革重心落脚到明确主体责任的层面。(1)公安机关、人民检察院和人民法院作为社会调查机构自不待言,三者相互配合推动未成年人刑事案件的依法审理,各自在职权范围内承担查明案件事实真相的职责,当然享有社会调查的权力。(2)社会调查员作为社会调查机构应当具备相应的资质条件。最高人民法院、最高人民检察院、公安部、司法部等中央国家机关以及中央综治委预防青少年违法犯罪工作领导小组在出台的相关文件中使用了"社会调查员"这个概念,据此可以认为"社会调查员"已经上升为一个专门的法律概念,即接受公检法机关委托,相关社会组织和机构派出从事未成年人案件社会调查的人员。社会调查员的选任虽然是相关社会组织和机构的内部行为,但必须符合程序正义的要求,包括但不限于无刑事犯罪记录、无不良个人信用记录、与案件无利害关系、两人以上开展调查、对女性未成年人案件的调查应当至少有一名女性社会调查员等等。至于相关社会组织和机构具体涉及哪些,本研究认为可以由公检法机关根据实际需要具体把

───────────

[①] 狄小华:《中国特色少年司法制度研究》,北京:北京大学出版社 2017 年版,第 358 页。

据,因为社会组织和机构在各地分布并不均匀,而且每个案件所要调查的重点也略有差异,因此,无须在立法上予以限定。当然,地方规范性文件或操作规程可以根据当地实际列举若干适格的社会组织和机构,地方公检法机关也可以通过政府购买服务的方式委托若干社会组织和机构专门从事社会调查工作。(3)律师(辩护人)也应当有权开展社会调查。这是律师取证权利的延伸,而且律师在开展社会调查时,国家机关、企事业单位和个人应当予以配合。

### (三)社会调查的具体内容

社会调查在少年司法中的重要性无须赘言。有学者即使梳理了制度建设中亟待解决的问题,诸如"社会调查的适用范围"、"社会调查报告是否应当有格式"、"应该包括什么内容"等,但"不会对这些具体举措予以回应"。[①] 从指导少年司法的角度看,社会调查的具体内容是一个应当予以回应的问题,其理据有二:(1)社会调查作为一个法律概念,应当有其明确的内涵。比如,法律概念"合同"在《合同法》第十二条明确规定了诸如标的、数量、质量、价款或报酬等合同的内容,虽然当事人在具体订立合同时可以自行协商设计,但成文法提供了一种参考范本。同样的,针对不同类型的未成年人案件,公安机关、人民检察院、人民法院和律师在不同阶段所制作或委托社会调查员制作的社会调查报告侧重点不同,但作为法律概念意义上的社会调查报告,应当有其相对固定的内容。(2)社会调查内容的确定,决定社会调查报告的法律效力,关涉对社会调查报告的采信。在维护法制统一,追

---

①张文娟:《中美少年司法制度探索比较研究》,北京:法律出版社 2010 年版,第 202 页。

求同案同判的司法正义要求下,明确社会调查的内容就具有很重要的实践价值了。

目前,法律和司法解释对社会调查内容的阐述,主要是围绕未成年犯罪嫌疑人、被告人的涉罪行为展开的(见表 5.2)。这种制度安排的原因在于少年法庭的初衷就在于审判未成年人刑事犯罪案件。但随着少年法庭受案范围的扩大,社会调查所调查的内容也需要做出调整,这里具体涉及两个问题。

表 5.2　未成年人案件审理的社会调查内容

| 序号 | 调查内容 | 法律和规范性文件依据 |
|---|---|---|
| 1 | 未成年犯罪嫌疑人、被告人的成长经历、犯罪原因、监护教育 | 《刑事诉讼法》第二百七十九条 |
| 2 | 未成年犯罪嫌疑人的性格特点、家庭情况、社会交往、成长经历、是否具备有效监护条件或者社会帮教措施,以及涉嫌犯罪前后表现 | 《关于进一步建立和完善办理未成年人刑事案件配套工作体系的若干意见》(综治委预青领联字〔2010〕1号)第 3.1.1 段 |
| 3 | 个人基本情况、社会生活状况、与涉嫌犯罪相关的情况、认为应当调查的其他内容、心理测评 | 《未成年人刑事检察工作指引(试行)》(高检发未检字〔2017〕1 号)第三十五、三十六条 |
| 4 | 未成年犯罪嫌疑人的成长经历、犯罪原因、监护教育 | 《人民检察院办理未成年人刑事案件的规定》(高检发研字〔2013〕7号)第九条 |
| 5 | 未成年被告人性格特点、家庭情况、社会交往、成长经历以及实施被指控的犯罪前后的表现 | 《最高人民法院关于审理未成年人刑事案件的若干规定》(法释〔2001〕9 号)第二十一条(失效) |
| 6 | 未成年被告人性格特点、家庭情况、社会交往、成长经历、犯罪原因、犯罪前后的表现、监护教育 | 《最高人民法院关于适用〈中华人民共和国刑事诉讼法〉的解释》(法释〔2012〕21 号)第四百七十六条 |

其一,社会调查是否仅限于未成年人刑事犯罪案件? 作为制度设计的初衷,"进行社会调查的目的在于有针对性地采取办理案件的方法和措施,同时也为教育改造未成年人确定有针对性的

改造方案和方法,以取得良好的法律效果和社会效果"①。以查明与案件相关的背景情况、保护未成年人成长为目的,社会调查同样适用于未成年人非刑事案件的审理活动。本研究主张少年法庭的受案范围包括未成年人刑事犯罪案件、未成年人遭受侵害的各类案件、未成年人家事案件、未成年人实施"严重不良行为"的案件等四类。就未成年人遭受侵害案件而言,社会调查有助于责成相关责任主体采取措施、改善状况、消除隐患。例如,在校园欺凌案件中,社会调查报告能够揭示校园安保环境、师资配备情况、群体认知态度等背景情况,法院可以据此要求学校安置监控设施、提升师资管理、开展心理咨询、加强学生教育,从而杜绝类似案件的再度发生。就未成年人家事案件而言,社会调查有助于披露家庭成长环境、父母监护能力、未成年人个人意见,为法院在离婚案件的子女抚养、继承案件的未成年继承人份额分配和财产管理等方面做出裁判提供参考资料。就未成年人实施"严重不良行为"的案件而言,此类案件与未成年人刑事犯罪案件较为类似,社会调查报告同样能够发挥办案和教育的参考功能。

其二,社会调查应当包含哪些具体内容?《未成年人刑事检察工作指引(试行)》(高检发未检字〔2017〕1号)第三十五、三十六条提供了较为完整的调查内容规定,虽然仅适用于未成年人刑事犯罪案件的社会调查,但对其他类型的案件同样具有参考乃至适用的价值,据此,本研究认为,社会调查的具体内容包括:(1)被调查未成年人的个人基本情况,包括年龄、性别、民族、宗教信仰等客观信息,以及性格特点、学习成绩、行为表现、成长环境等主观评判;(2)被调查未成年人的社会生活状况,包括家庭成员尤其

---

① 陈国庆主编:《〈人民检察院办理未成年人刑事案件的规定〉释义》,北京:中国检察出版社2014年版,第20页。

是父母或监护人的职业、收入、情感、病患等有可能影响未成年人性格和行为的因素，未成年人在学校或社区的治安状况、邻里关系、社交对象、人际关系等情况；(3)与案件有相当程度关联性的信息，刑事犯罪案件和"严重不良行为"案件中的行为动机、行为方式、认知态度、损失赔偿等情况，遭受侵害案件中的案发地环境、侵害人与被害人关系、被害人的心理应激、被害人群体的波及面等情况，家事案件中家庭成员之间的关系、社区基础组织的意见等；(4)其他需要调查的事项，以此作为兜底条款，供调查主体根据案件的特殊情况酌情开展调查，例如，在必要时可以对未成年人作心理测评。

在明确社会调查的调查内容后，公安机关、人民检察院、人民法院和律师协会可以根据业务需要，制定社会调查报告的范本，尤其是在委托社会调查员开展社会调查时，填表式的调查比撰写文稿式的调查更容易操作，也能够确保不同社会调查员出具的报告处于大致相同的水平。

### (四)调查报告的法律效力

社会调查的重要性及其功能的发挥最终归属于调查报告的法律效力问题。有学者认为，"从严格意义上讲，调查报告不能称之为刑事证据"①。也有学者主张，"从社会调查报告的构成因素及实际发挥的功能看，可以将其视为一种刑事处遇证据"②。判断社会调查报告的法律效力可以从现有的规定中找到依据。

---

① 赵国玲主编：《未成年人司法制度改革研究》，北京：北京大学出版社 2011 年版，第 241 页。

② 靳国胜：《未成年人社会调查制度之立论基础与程序构建》，载《青海师范大学学报(哲学社会科学版)》2017 年第 1 期。

最高人民法院、最高人民检察院、公安部、国家安全部、司法部等五家国家机关联合印发的《关于规范量刑程序若干问题的意见（试行）》（法发〔2010〕35 号）第十一条规定："人民法院、人民检察院、侦查机关或者辩护人委托有关方面制作涉及未成年人的社会调查报告的，调查报告应当在法庭上宣读，并接受质证。"根据这个条文所使用的法律概念，"质证"一词系指当事人在法庭审理阶段，就提出证据的关联性、合法性、真实性等问题互相诘问、质询的诉讼行为。既然"质证"的对象是证据，那么，社会调查报告就属于证据范畴了。在地方的实践中，2007 年 11 月 16 日，上海市长宁区人民法院少年法庭和卢湾区人民检察院未检科出台《关于未成年人刑事案件适用品格证据的实施办法（试行）》，将涉及未成年犯罪嫌疑人或被告人个人品行、受教育状况、家庭背景、学校和社区表现、兴趣爱好、心理特征、行为倾向、案发后表现等内容的综合性材料界定为品格证据（第二条），据此，也可以认为社会调查报告属于证据范畴。①

从证据三性的学理角度看：(1)在关联性方面，社会调查报告所记载和阐述的内容与案件密切相关，《关于进一步建立和完善办理未成年人刑事案件配套工作体系的若干意见》（综治委预青领联字〔2010〕1 号）要求"人民法院应当……将社会调查报告作为教育和量刑的参考"（第 3.1.4 段），既然社会调查报告能够作为量刑之参考，其关联性不言而喻。(2)在合法性方面，相关司法解释对社会调查报告的取得做出了严格规定，例如，《未成年人刑事检察工作指引（试行）》（高检发未检字〔2017〕1 号）第三十二条规定："开展社会调查应当充分保障未成年人及其法定代理人的知情权，并在调查前将调查人员的组成、调查程序、调

---

① 邹碧华主编：《少年法庭的创设与探索》，北京：法律出版社 2009 年版，第 291 页。

查内容及对未成年人隐私保护等情况及时告知未成年人及其法定代理人。"这就充分反映了社会调查报告的取得与制作应当遵循正当法律程序,依照法定步骤进行。(3)在真实性方面,社会调查报告或由公检法等国家机关做出,或由社会调查员签字,并且司法审判机关有核实真实性的义务。例如,《未成年人刑事检察工作指引(试行)》(高检发未检字〔2017〕1号)第四十二条规定:"人民检察院收到公安机关或者受委托调查组织或者机构移送的社会调查报告及相关材料后,应当认真审查材料是否齐全、内容是否真实,听取未成年犯罪嫌疑人及其法定代理人或者其他到场人员、辩护人的意见,并记录在案。"公安机关、人民检察院和人民法院各自在其职权范围内,承担审查并核实社会调查报告的义务,决定了社会调查报告的真实性。作为一份书面文件,并且符合证据的三性要求,本研究倾向于将社会调查报告视为证据范畴。

当然,少年法庭在审判过程中,对社会调查报告的采信,应当经过双方的质证,尤其是委托社会调查员出具的社会调查报告,更应当听取未成年人及其父母或监护人、辩护人的意见,必要时可以要求社会调查员到庭。另外,少年法庭还可以将社会调查报告质证情况告知社会调查员所在的社会组织和机构,列为履职档案。

## 二、隐私保护制度

根据联合国《儿童权利公约》第40条第2款中规定,缔约国尤应确保所有被指称或指控触犯刑法的儿童至少其隐私在诉讼的所有阶段均得到充分的尊重。《联合国少年司法最低限度标准规则》(北京规则)出于"青少年特别易沾污名烙印"的考虑,专门设立隐私保护规则,"应在各个阶段尊重少年犯享有隐私的权利,以避免由于不适当的宣传或加以点名而对其造成伤害",以及"原则上不应公布可能会导致使人认出某一少年犯的资料"。少年司法领域中的隐私保护与儿童权利相对接,其必要性不言而喻。有学者将"未成年人因涉嫌犯罪而卷入刑事诉讼程序的信息受到法律保护的权利"命名为"特别隐私权"。[①] 因此,少年法庭改革设计中,应当将隐私保护作为一项必不可少的制度安排,并贯穿于诉讼活动的各个阶段。

### (一)侦查调查阶段的隐私保护

在少年法庭受理的案件类型中,涉及刑事犯罪的案件有立案、侦查和提起公诉等环节,与此同时,司法机关或其委托的社会调查员、律师围绕案件开展必要的社会调查;涉及家事、遭受侵害以及严重不良行为的案件,社会调查也有存在空间。隐私保护制度首先应当涵盖侦查调查阶段的活动。

就侦查而言,享有侦查权的国家机关包括公安机关和人民检察院,其在未成年犯罪嫌疑人住所、学校或工作单位询问未成年犯罪嫌疑人或询问未成年被害人时,在制式车辆、服饰、械具的使用上要考虑对未成年犯罪嫌疑人或未成年被害人的影响,原则上不着制服、不驾驶警车、不使用械具。办案人员应当让父母、教师、工作单位领导将未成年犯罪嫌疑人或未成年被害人带到相对私密的场所进行讯问或询问,杜绝在社区广场礼堂、学校教室、厂矿车间等有他人在场的环境进行讯问或询问。在讯问证人时,办案人员也应当尽可能降低和消除对未成年人的影响,要求证人履行保密义务。

---

① 高维俭,梅文娟:《未成年人刑事案件不公开审判制度比较研究——基于特别隐私权的理论视角》,载《天中学刊》2015 年第 1 期。

　　就社会调查而言,公安机关、人民检察院和人民法院根据案件需要有权决定自行或委托社会调查员开展社会调查。公检法机关自行调查的,遵循与侦查相类似的未成年人隐私保护规范;委托社会调查员调查的,应当要求社会调查员履行保密义务。需要特别强调的是,出于未成年人隐私保护的考虑,社会组织和机构无权自行从事社会调查活动,即社会调查员就未成年人案件开展的社会调查,必须持有公检法机关的委托书。此外,律师可以自行开展社会调查,作为未成年人刑事犯罪案件的辩护人,律师服务于未成年人,保护隐私是应有之义;作为侵害未成年人案件被告的辩护人,律师在从事社会调查时,应当承担保护未成年人隐私的义务,且对其保密的要求应当高于对善意第三人的要求。律师在办理未成年人案件中泄露未成年人隐私,对未成年人学习、工作、生活造成影响的,应当承担相应的法律责任。

　　未成年人案件的讯问笔录和社会调查报告只能提交或移交给公安机关、人民检察院、人民法院和律师(辩护人),经手的办案人员或律师不得擅自对外披露。少年法庭的法官助理业务培训应当包含保密规范的内容。

### (二)审判阶段的隐私保护

　　审判阶段的隐私保护,主要是落实《刑事诉讼法》第二百八十五条不公开审理原则。未成年人严重不良行为的案件也应当参照未成年人刑事犯罪案件不公开审理。未成年人遭受侵害的案件和未成年人的家事案件,未成年人及其法定代理人提出要求不公开审理的,少年法庭应当允许。与未成年人学习、生活有直接关系的非诉讼参与人(例如,未成年人所在学校、参与社区矫正的居民委员会或村民委员会、"社会服务令"①指定的服务机构等），经未成年人及其法定代理人同意，可以派代表到庭。

在遵循公开宣告判决的原则下，少年法庭应当告知诉讼参与人不得传播案件信息。《最高人民法院关于人民法院在互联网公布裁判文书的规定》（法释〔2016〕19 号）第四条以列举的方式规定，未成年人犯罪的、离婚诉讼或者涉及未成年子女抚养、监护的案件，人民法院不在互联网公布裁判文书。第八条规定，人民法院在互联网公布裁判文书时，应当对婚姻家庭、继承纠纷案件中的当事人及其法定代理人，未成年人及其法定代理人的姓名进行隐名处理。本研究认为，此项规定能够达到保护未成年人隐私的效果，少年法庭照此落实即可。

在卷宗材料方面，未成年人刑事犯罪案件的诉讼案卷材料，除依法查阅、摘抄、复制以外，不得公开和传播。对于重大社会影响的案件，新闻报道所需的查询和摘录应当经由法院院长批准，且在报道时应当隐去未成年人的姓名、住所、照片、图像及其他可能推断出该未成年人的资料。

---

① 2014 年 3 月 19 日，最高人民法院公布保障民生第二批典型案例，其中第 11 个上海周某抢劫案（判后帮教少年犯）系少年法庭相关的典型案例。该案的典型意义在于，判决生效后，上海市长宁区人民法院少年法庭在上海市帮教志愿者协会的配合支持下，将周某安置进入上海市某爱心企业边工作边接受社区矫正。实现少年法庭与帮教志愿者协会无缝对接，以及上海市社区矫正与未成年人原籍社区矫正组织无缝对接，以社区矫正替代监禁刑，取得积极的司法效应和社会效应。长宁区法院试点改革提出"社会服务令"，即少年法庭在审判未成年人刑事案件中，对已构成犯罪的未成年人，责令其到"长宁区特殊青少年劳动教育考察基地"，完成一定期限的无偿社会服务劳动。参见翁跃强，雷小政主编：《未成年人刑事司法程序研究》，北京：中国检察出版社 2009 年版，第 316—318 页。

### （三）执行阶段的隐私保护

未成年人案件的执行，关涉到学校、工作单位、工读学校、社区的居民委员会或村民委员会、未成年犯管教所、社区矫正机构等承担管教责任的主体。相关主体在履行教育、帮教、改造工作时，应当注意保护未成年人的隐私。

执行阶段的隐私保护还将延伸出未成年人前科消灭问题。按照学界的理解，前科消灭制度是指对有前科的人，经过法定程序或符合法定条件的情形下，宣告注销犯罪记录，恢复正常法律地位的制度。[①]《联合国少年司法最低限度标准规则》（北京规则）第 21 条在"对少年罪犯的档案应严格保密"的基础上，强调"少年罪犯的档案不得在其后的成人讼案中加以引用"，以此可以解释为前科消灭的规定。在我国现行法律体系中，虽然"前科消灭"尚未成为法律概念，但对未成年人前科消灭的相关规定已经存在。例如，《刑法》第六十五条第 1 款"一般累犯"的但书，将不满十八周岁的人犯罪的排除在累犯之外，第一百条第 2 款"前科报告制度"的但书，犯罪的时候不满十八周岁被判处五年有期徒刑以下刑罚的人免除报告义务；《预防未成年人犯罪法》第四十八条规定："依法免予刑事处罚、判处非监禁刑罚、判处刑罚宣告缓刑、假释或者刑罚执行完毕的未成年人，在复学、升学、就业等方面与其他未成年人享有同等权利，任何单位和个人不得歧视。"《未成年人保护法》第五十七条第 3 款规定："解除羁押、服刑期满的未成年人的复学、升学、就业不受歧视。"这些条款的立法宗旨，在于保护公民在求学、就业、入伍时不因十八周岁前的犯罪记录而遭受歧视，其出发点与前科消灭制度完全一致。

———————

① 房清侠：《前科消灭制度研究》，载《法学研究》2001 年第 4 期。

然而,现行法律中,未成年人前科所造成的权利克减还是普遍存在。例如,《公务员法》第二十四条规定,曾因犯罪受过刑事处罚的人员不得录用为公务员;《教师法》第十四条规定,受到剥夺政治权利或者故意犯罪受到有期徒刑以上刑事处罚的,不能取得教师资格;等等。该问题在 5 年前,就有全国人大代表以议案的方式,建议修改《公务员法》、《法官法》、《检察官法》、《人民警察法》、《教师法》、《会计法》和《商业银行法》,在相关任职资格"因犯罪受过刑事处罚"的限制性规定后,增加但书条款,"犯罪的时候不满十八周岁被判处五年有期徒刑以下刑罚的除外",以此与《刑法》《预防未成年人犯罪法》和《未成年人保护法》保持一致。全国人大法律委员会(2018 年修宪后改为"宪法和法律委员会")在议案审议结果的报告中表示:"对于议案中提出的建议,法律委员会、法制工作委员会将在修改相关法律时统筹考虑。"①时至今日,这些条款尚未变动,据此可以认为,我国未成年人前科消灭制度尚未建立。

本研究认为,未成年人前科消灭制度是司法领域未成年人隐私保护的有机组成部分,也是少年司法实践的应有之义。世界上绝大多数国家和地区也逐步接受和采用未成年人前科消灭制度。

在少年司法所秉持的教育、感化、挽救的方针下,我国未成年人前科消灭制度的建构可以从下述方面考虑:(1)前科消灭的条件,目前《刑法》第一百条第 2 款所设定的"犯罪的时候不满十八周岁被判处五年有期徒刑以下刑罚的"条件,兼顾未成年人犯罪行为的危害程度与未成年人回顾社会的矫正需要,可以作为基本条件。此外,刑罚执行完毕后,还可以设定一定的考验期,以 3—5 年为宜,考验期届满后,方可申请消灭前科。(2)前科消灭的范

---

① 参见 2013 年 12 月 28 日,第十二届全国人大常委会第六次会议通过的《全国人民代表大会法律委员会关于第十二届全国人民代表大会第一次会议主席团交付审议的代表提出的议案审议结果的报告》。

围,既然有前科消灭条件的约束,本研究倾向于"完全销毁",即经办案件的公安机关、人民检察院、人民法院以及执行判决的未成年犯管教所、社区矫正机构等对涉及案件的全部卷宗和文书资料予以销毁。事实上,封存但不得对外提供(我国现行《刑事诉讼法》第二百八十六条)始终与前科"消灭"存在差异。如果要落实未成年人前科消灭制度,那么其犯罪记录应该是销毁,即无法证明该公民曾经犯过罪。(3)前科消灭的程序,前科消灭程度由当事人或其父母或其他监护人提出申请;由做出终审判决人民法院的少年法庭受理,并予以审查;少年法庭做出裁定可以销毁犯罪记录的,通知相关机关和机构销毁犯罪记录,并将裁定文书送达申请人;少年法庭认为不符合前科消灭条件的,应当将裁定文书送达申请人,申请人有权申请复议。

## 三、诉讼帮助制度

诉讼帮助制度是一个宽泛的概念。本研究认为,设置少年法庭所蕴含的一个前提就是未成年人并不具备成年人的行为能力和责任能力,因此需要专门的审判机构和诉讼程序来处理涉及未成年人的案件。既然未成年人的行为能力不足,那么,少年法庭在具体运行过程中,就应当有相关的制度,以帮助未成年人参与诉讼,维护其合法权利。对未成年人的诉讼帮助,主要依靠法定代理人和律师。

### (一)法定代理人制度

《联合国少年司法最低限度标准规则》(北京规则)第15.2条规定"父母或监护人应有权参加诉讼"。这种制度安排在法理上出于三个方面的考虑:(1)对未成年人给予心理和情感上的支持。

心理学研究表明,未成年人大脑和神经系统发育的不成熟决定其在诉讼过程中容易出现焦虑、紧张、孤独、抛弃的情绪。少年法庭在审理案件的过程中,不仅追求查明事实真相、维护社会正义的价值,还注重对未成年人的关怀和照护。北京市西城区人民法院的少年法庭,在布置上并未使用高大庄严的法台,而是采用 U 形桌,法官与两造围坐审理,且背景墙使用浅绿色和深绿色交织的布置,其用意在于降低压迫感。① 对于未成年人而言,父母或其他共同生活监护人的陪同,是缓解心理压力的最佳方式。(2)保障未成年人的合法权益。未成年人的心智特点容易在法庭上语无伦次,无法清晰表述其行为过程,尤其是在陈述过程中对其有利的案件细节容易漏掉或忽视。因此,父母作为法定代理人参加诉讼,能够作必要的补充说明,帮助未成年人充分行使诉讼权利,进而维护未成年人的合法权益。(3)对父母或其他监护人权利的尊重。无论是情感上,还是权益上,父母或其他监护人与未成年人利益最为紧密,对诉讼过程和裁判结果最为关心,通过参与法庭审理,既能够解除疑虑和不安,又有助于理解并接受裁判结果,同时也是一个法治教育的过程。此外,在未成年人严重不良行为的法律责任中,包括父母或其他监护人严加管教的内容,父母或其他监护人在庭聆听裁判,也便于裁判的执行。据学者考证,《俄罗斯联邦刑事诉讼法》《奥地利少年法院法》《澳大利亚犯罪法案》等国外立法例都对法定代理人制度做出规定。②

根据我国现行《刑事诉讼法》第二百八十一条规定,在对未成年人讯问和审判环节,其法定代理人到场,并可以代为行使诉讼权利;法定代理人可就办案人员侵犯未成年人合法权益的行为提

---

① 张志然:《彰显特殊保护的"西城机制"》,载《民主与法制》2017 年第 48 期,第 15 页。
② 贾宇等:《未成年人犯罪的刑事司法制度研究》,北京:知识产权出版社 2015 年版,第 102 页。

出意见；法定代理人还可以对未成年被告人的最后陈述作补充。《最高人民法院关于适用〈中华人民共和国刑事诉讼法〉的解释》第四百六十六条进一步明确，未成年犯罪嫌疑人、被告人、被害人、证人在接受讯问（询问）和参与庭审时，应当通知未成年人的法定代理人到场。《民事诉讼法》第五十七条规定"无诉讼行为能力人由他的监护人作为法定代理人代为诉讼"。据此，少年法庭转型为家事少年审判庭后，所有受案范围内的案件，法定代理人制度在立法上已经予以确认。

在实践中需要关注的一个问题是法定代理人参与庭审是否应当予以强制。在已经失效的《最高人民法院关于审理未成年人刑事案件的若干规定》（法释〔2001〕9 号）第十九条中，法定代理人的出庭是非强制性的，"法定代理人无法出庭或者确实不适宜出庭的，应另行通知其他监护人或者其他成年近亲属出庭"。本研究赞同该失效司法解释的规定，法定代理人制度应当解释为权利而非义务。其理据有二：（1）在诉讼法和司法解释中确立法定代理人制度，其目的在于帮助未成年人实现诉讼权利，满足未成年人及其父母或其他监护人的需求。法定代理人拒绝出庭的行为，足以说明法定代理人不愿在讯问、询问或庭审环节维护未成年人的利益，这种抵触和消极的态度不但无益于诉讼进行，甚至可能对未成年人造成伤害。（2）《联合国少年司法最低限度标准规则》（北京规则）第 15.2 条后半段也表述了类似意见："如果有理由认为，为了保护少年的利益必须排除他们参加诉讼，则主管当局可拒绝他们参加。"从遵守国际法的角度看，我国少年法庭在实际操作中，应当采取通知、准许但不强制法定代理人到场的做法。

**（二）指定律师制度**

指定辩护制度是刑事诉讼法中保障诉讼参与人诉讼权利原

则的具体体现。我国现行《刑事诉讼法》第十四条规定:"人民法院、人民检察院和公安机关应当保障犯罪嫌疑人、被告人和其他诉讼参与人依法享有的辩护权和其他诉讼权利。"对于未成年人刑事犯罪案件而言,《刑事诉讼法》第二百七十八条建立了指定辩护制度,"未成年犯罪嫌疑人、被告人没有委托辩护人的,人民法院、人民检察院、公安机关应当通知法律援助机构指派律师为其提供辩护"。据此,我国的指定辩护制度包含两层含义:(1)指定辩护律师是公检法机关的法定义务,在未成年人没有委托辩护人时,国家通过法律援助的方式,为其指派律师;(2)辩护律师参与的环节涵盖侦查、起诉和审判等环节,这就意味着律师在案件办理过程中全程跟进,从而维护未成年人的合法权利。

本研究所要讨论的是,在其他类型的未成年人案件中,律师扮演民事案件委托代理人的角色,指定制度是否涵盖此类情形。除了未成年人刑事犯罪案件,少年法庭受理的案件还有三类:(1)未成年人遭受侵害的案件,具体又细分为两类,就未成年人作为受害者的民事案件而言(如未成年人遭受机动车交通事故、饲养动物损害等),这类案件事实清晰、案情简单,少年法庭需要考虑因素较少,因而无须指定律师,是否委托代理人由未成年人及其法定代理人决定即可;就未成年人作为受害者的刑事案件而言(如拐卖儿童、猥亵儿童、奸淫幼女、组织儿童乞讨等),这类案件对未成年人身心伤害和社会危害性都较大,而且出于隐私保护,避免造成心理二次伤害的考虑,应当允许未成年受害人不出庭,其权利的维护交由律师更为妥当,可以考虑引入指定代理制度。当然,对于未成年人及其法定代理人而言,这项制度属于权利事项,少年法庭可以准许拒绝代理人代理。(2)未成年人家事案件,这类案件主要涉及婚姻关系变更带来的抚养问题,案件争议焦点与未成年人行为的关联性不大,因此也无须考虑指定律师从事代理。(3)未成年人实施"严重不良行为"的案件,这类案件目前尚未进入诉讼程序,对"严重不良行为"法律责任的追究由公安机关或教育行政机关决定。如果这类案件最终纳入少年法庭的受案范围,那么,在诉讼程序上接近于准刑事诉讼。从保护未成年人利益的角度看,应当为其指定律师。

此外,学术界提出了指定辩护尚未落到实处,未成年被告人难以获得高素质律师的法律服务,法律援助经费保障不足等问题。[①] 这类问题更多涉及国家司法资源的整体配置和律师队伍职业道德建设,并非少年法庭能够妥善处理的。

在少年法庭的特别制度设计方面,学术界论及"暂缓判决",即少年法庭在刑事诉讼活动中,对已构成犯罪并符合一定条件的未成年被告人,先暂不判处刑罚,而是由法院设置一定的考察期,让被告人回归社会,并对其考察帮教,待考察期满后,结合犯罪案件与考察表现予以判决。[②] 本研究认为,这种制度与我国目前的缓刑制度有重叠之嫌,故不宜为少年法庭改革所采纳。

---

①贾宇等:《未成年人犯罪的刑事司法制度研究》,北京:知识产权出版社2015 年版,第 116—117 页。

②于国旦,许健身:《少年司法制度理论与实务》,北京:中国人民公安大学出版社 2012 年版,第 184 页。

结　论

　　1899 年 7 月,美国伊利诺伊州设立了第一个少年法庭,开启为未成年人单独设置法庭的实践。百余年来,少年法庭已经成为世界上主要国家司法体制的有机组成部分。美国、日本、澳大利亚和意大利,不断探索实践,建立起符合其国情的少年司法制度,尤其是在法官任职资格、受案范围和审判程序上,彰显少年法庭不同于一般法庭的特点。其中,可以归纳出规律性的做法包括少年法庭法官需要具备相关领域的学识并参加年度性的研修培训;少年法庭的受案范围从传统的未成年人刑事犯罪案件扩大到未成年人严重违法案件,日本将家事审判和未成年人审判合并,设立家事少年法庭;少年调查官和少年法官有相当大的自由裁量权,不公开审理、简易程序、社会调查成为少年司法的标准配置。

　　1984 年 10 月,上海市长宁区人民法院建立了我国第一个专门审理未成年人刑事案件的合议庭。1991 年 1 月,《最高人民法院关于办理少年刑事案件的若干规定(试行)》(法〔研〕发〔1991〕3号)颁布,标志着我国少年司法全国性规范化的改革开启。截至2018 年 6 月,全国四级法院已建立少年审判专门机构或者专人审理机制,共设立少年法庭 2253 个,合议庭 1246 个,少年刑事审判庭 405 个,综合审判庭 598 个,审判机制专业化、规范化取得重要进展。

　　在我国少年法庭改革思路的设计上,法官队伍的专职专业建设依然需要坚持,在员额制下明确法官与法官助理的分工,任职培训以年度 8 小时为宜,民族地区还应当加强双语法官的培训。少年法庭案源不足是长期困扰我国少年司法的实际问题,在家事审判改革的大背景下，设立家事少年审判庭是一个可行的趋势，进而将受案范围调整为未成年人刑事犯罪案件、严重不良行为案件、遭受侵害案件和家事案件四大类。相应地，在基层人民法院、中级人民法院和高级人民法院设立家事少年审判庭，在最高人民法院设家事少年审判工作指导小组，并在研究室设家事少年法庭审判工作办公室。

　　少年法庭的专业化建设决定少年法庭有其特别的制度。在社会调查方面，除公安机关、人民检察院、人民法院和律师外，社会调查员将是社会调查的主要力量；公检法机关可以结合当地实际和办案需要，制定社会调查报告的范本，以明确调查内容和调查程序；社会调查报告具有证据效力，经过质证可以为少年法庭采信。涉及未成年人案件的侦查、调查、审判和执行等各个阶段应当尊重未成年人享有的隐私权，避免由于不适当的宣传而对其造成伤害，前科消灭制度应当成为改革方向。法定代理人到场和律师帮助体现对未成年人诉讼权利的保障，应当予以制度化。

　　当然，少年法庭的建设是一个与时俱进，不断适应社会现实需要的改革过程。在未来的发展过程中，如何在家事与刑事之间、法官与法官助理之间、法官助理与社会调查员之间、少年法庭与其他机构组织之间平衡事权，以及在区域、城乡、民族经济发展水平存在相当大的差距的当下，不同层级和不同地区的少年法庭，如何在案件数量、业务水平、法官薪酬等方面取得大致相对的平衡，都是值得继续关注和研究的课题。

附　录
# 关于设置少年法庭的调查问卷

您好！本问卷仅用于统计分析，只需根据您了解或掌握的情况，在每个问题所给出的几个答案中选择一个合适的答案打钩。

1.您的性别：

（　）男　　　　　　（　）女

2.您的年龄区间在：

（　）30 岁以下　　　　　　（　）31—40 岁

（　）41—50 岁　　　　　　（　）51—60 岁

（　）61 岁以上

3.您的工作属于下列哪一类？

（　）法院系统工作人员　　　（　）检察院系统工作人员

（　）律师事务所工作人员　　（　）高校或科研机构工作人员

（　）在校学生　　　　　　　（　）其他

4.您的工作年限？

（　）在校生　（　）未满 5 年　（　）5—9 年　（　）10 年以上

5.您的文化程度

（　）大专（含在读）　　　　（　）本科（含在读）

（　）研究生（含在读）

6.您是否听说过《联合国公民权利与政治权利国际公约》？

（　）是　　　　（　）否

7.您是否听说过《联合国少年司法最低限度标准规则》（北京规则）？

（　）是　　　　（　）否

8.您是否听说过《联合国预防少年犯罪准则》（利雅得准则）？

（　）是　　　　　（　）否

9.您是否认为未成年人案件的审理有别于成年人案件的审理？

（　）是（有别）　　　　（　）否（无区别）　　　（　）不清楚

10.当您（将来）遇到未成年人案件,您是否认为您会更加用心地对待和处理？

（　）是　　　　（　）否　　　　（　）不清楚

11.您是否认为有必要设立专门的机构（少年法庭）来审理未成年人的案件？

（　）有必要　　（　）没有必要　（　）不清楚

12.如果设立审理未成年人案件的专门机构（少年法庭）,那么其受案范围是？

（　）仅限于民事（家事）案件

（　）仅限于刑事案件

（　）没有特别限制

13.如果设立审理未成年人案件的专门机构（少年法庭）,那么其设置的层级可以包括（多选）

（　）基层人民法院

（　）中级人民法院

（　）高级人民法院

（　）最高人民法院

14.如果还有其他相关的意见,请告诉我们,谢谢。

参考文献

一、中文著作

1. 《党的十九大报告辅导读本》编写组编著:《党的十九大报告辅导读本》,北京:人民出版社 2017 年版。

2. 陈独秀:《陈独秀文章选编》(中),北京:三联书店 1984 年版。

3. 陈国庆主编:《〈人民检察院办理未成年人刑事案件的规定〉释义》,北京:中国检察出版社,2014 年。

4. 狄小华:《中国特色少年司法制度研究》,北京:北京大学出版社 2017 年版。

5. 杜景林,卢谌:《德国民法典全条文注释》,北京:中国政法大学出版社 2014 年版。

6. 段小松:《联合国〈儿童权利公约〉研究》,北京:人民出版社 2017 年版。

7. 韩晶晶:《澳大利亚儿童保护制度研究》,北京:法律出版社 2012 年版。

8. 李龙主编:《人本法律观研究》,北京:中国社会科学出版社 2006 年版。

9. 李龙主编:《法理学》,武汉:武汉大学出版社 2011 年版。

10. 李肇伟:《法理学》,台北:东亚照相制版厂 1979 年版。

11. 梁启超:《饮冰室合集》(文集第二册),北京:中华书局 2015 年版。

12. 陆琦:《中外少年司法制度研究》,北京:中国检察出版社 2008 年版。

13. 贾宇等:《未成年人犯罪的刑事司法制度研究》,北京:知识产权出版社 2015 年版。

14. 经济合作与发展组织编:《理解脑:新的学习科学的诞生》,周佳仙等译,北京:教育科学出版社 2010 年版。

15. 孟军:《艰难的正义:影响美国的 15 个刑事司法大案评析》,北京:中国法制出版社 2015 年版。

16. 《世界各国宪法》编辑委员会编译:《世界各国宪法》(四卷本),北京:中国检察出版社 2012 年版。

17. 孙云晓,张美英主编:《当代未成年人法律译丛·澳大利亚卷》,北京:中国检察出版社 2006 年版。

18. 翁跃强,雷小政主编:《未成年人刑事司法程序研究》,北京:中国检察出版社 2010 年版。

19. 习近平:《干在实处走在前列——推进浙江新发展的思考与实践》,北京:中共中央党校出版社 2006 年版。

20. 杨旭:《意大利少年司法社会化研究》,北京:中国社会科学出版社 2015 年版。

21. 姚建龙:《青少年犯罪与司法论要》,北京:中国政法大学出版社 2014 年版。

22. 于国旦,许健身:《少年司法制度理论与实务》,北京:中国人民公安大学出版社 2012 年版。

23. 张鸿巍等译:《美国未成年人法译评》,北京:中国民主法制出版社 2017 年版。

24. 张文娟:《中美少年司法制度探索比较研究》,北京:法律出版社 2010 年版。

25. 张文显:《二十世纪西方法哲学思潮研究》,北京:中国政法大学出版社 2006 年版。

26. 赵国玲主编:《未成年人司法制度改革研究》,北京:北京大学出版社 2011 年版。

27. 周碧华主编:《少年法庭的创设与探索》,北京:法律出版社

2009 年版。

28. 〔奥〕诺瓦克:《民权公约评注:联合国〈公民权利和政治权利国际公约〉》,毕小青等译,北京:三联书店 2003 年版。

29. 〔德〕康德:《道德形而上学奠基》,杨云飞译,邓晓芒校,北京:人民出版社 2013 年版。

30. 〔德〕马克斯·韦伯:《经济与社会》(第一卷),阎克文译,上海:上海人民出版社 2010 年版。

31. 〔德〕马克斯·韦伯:《新教伦理与资本主义精神》,康乐等译,桂林:广西师范大学出版社 2007 年版。

32. 〔俄〕E. A. 苏哈诺夫主编:《俄罗斯民法》(第 1 册),黄道秀译,北京:中国政法大学出版社 2011 年版。

33. 〔法〕卢梭:《爱弥儿:论教育》(上卷),李平沤译,北京:人民教育出版社 2001 年版。

34. 〔美〕加布里埃尔·A. 阿尔蒙德,小 G. 宾厄姆·鲍威尔:《比较政治学:体系、过程和政策》,曹沛霖等译,上海:上海译文出版社 1987 年版。

35. 〔美〕阿纳斯塔普罗:《美国 1787 年宪法讲疏》,赵学纲译,北京:华夏出版社 2012 年版。

36. 〔美〕贝克:《儿童发展》,吴颖等译,南京:江苏教育出版社 2002 年版。

37. 〔美〕劳拉·E. 伯克:《伯克毕生发展心理学》,陈会昌译,北京:中国人民大学出版社 2014 年版。

38. 〔美〕范德赞登等:《人类发展》,俞国良等译,雷雳等审校,北京:中国人民大学出版社 2010 年版。

39. 〔美〕菲尔德:《少年司法制度》,高维俭等译,北京:中国人民公安大学出版社 2011 年版。

40. 〔美〕费尔德曼:《儿童发展心理学:费尔德曼带你开启孩子的成长之旅》,苏彦捷等译,北京:机械工业出版社 2015 年版。

41. ［美］富兰克林·齐姆林：《美国少年司法》，高维俭译，北京：中国人民公安大学出版社 2010 年版。

42. ［美］格里格，津巴多：《心理学与生活》，王垒等译，北京：人民邮电出版社 2003 年版。

43. ［美］理查德·勒纳：《人类发展的概念与理论》，张文新主译，北京：北京大学出版社 2011 年版。

44. ［美］庞德：《通过法律的社会控制》，沈宗灵译，北京：商务印书馆 2010 年版。

45. ［美］唐纳利：《普遍人权的理论与实践》，王浦劬等译，北京：中国社会科学出版社 2001 年版。

46. ［英］阿尔基尔：《贫困的缺失维度》，刘民权等译，北京：科学出版社 2010 年版。

47. ［英］罗素：《西方哲学史》（上卷），何兆武，李约瑟译，北京：商务印书馆 2001 年版。


## 二、中文论文

48. 《中共中央关于全面推进依法治国若干重大问题的决定》，载《人民日报》2014 年 10 月 29 日，第 1 版。

49. 陈立毅：《我国未成年人刑事案件社会调查制度研究》，载《中国刑事法杂志》2012 年第 6 期。

50. 陈永生，白冰：《法官、检察官员额制改革的限度》，载《比较法研究》2016 年第 2 期。

51. 车炜坚：《美国与中国台湾少年法庭的演进与特质的比较研究》，载《当代青年研究》1989 年第 5 期。

52. 范愉：《现代司法理念的建构》，载《检察日报》2001 年 7 月 17 日，第 3 版。

53. 范明志：《法官员额制的核心价值》，载《人民法院报》2014 年 11 月 10 日，第 2 版。

54. 房清侠:《前科消灭制度研究》,载《法学研究》2001 年第 4 期。

55. 高维俭,梅文娟:《未成年人刑事案件不公开审判制度比较研究——基于特别隐私权的理论视角》,载《天中学刊》2015 年第 1 期。

56. 胡石友:《搞好社会治安的"综合治理"》,载《法学杂志》1981 年第 4 期。

57. 胡云腾:《论全面依法治国背景下少年法庭的改革与发展——基于域外少年司法制度比较研究》,载《中国青年社会科学》2016 年第 1 期。

58. 蒋惠岭:《社会治安综合治理和少年法庭工作座谈会在北京举行》,载《人民司法》1990 年第 10 期。

59. 靳国胜:《未成年人社会调查制度之立论基础与程序构建》,载《青海师范大学学报(哲学社会科学版)》2017 年第 1 期。

60. 康均心:《未成年人刑事审判:中国的实践——纪念我国少年法庭诞生十周年》,载《法学评论》1995 年第 1 期。

61. 康树华:《美国少年法庭的演变和发展趋势》,载《现代法学》(原《法学季刊》)1983 年第 1 期。

62. 雷迅等:《皖苏少年法庭工作情况调查》,载《人民司法》1990 年第 10 期。

63. 李秀兰译:《法国〈刑法典〉中关于少年法庭的规定》,载《国外法学》1981 年第 6 期。

64. 刘子阳:《全国法院少年法庭三十年座谈会召开》,载《法制日报》2014 年 11 月 26 日,第 1 版。

65. 卢路生:《充分发挥少年法庭的职能优势》,载《法学杂志》2005 年第 6 期。

66. 罗宏:《少年法庭机构改革意义深远》,载《政治与法律》2000 年第 1 期。

67. 骆惠华:《为了孩子幸福 为了国家未来——人民法院少年法

庭工作辉煌 30 年回顾》,参见《人民法院报》2014 年 11 月 25 日,第 4 版。

68. 罗书臻:《加强少年司法,保护未成年人健康成长》,载《人民法院报》2017 年 5 月 26 日,第 1 版。

69. 吕敏,王宗光:《少年法院的创设模式和收案范围》,载《政治与法律》2000 年第 1 期。

70. 马德峰,胡杰容:《我国青年社会化研究评析》,载《青年研究》2000 年第 7 期。

71. 牛凯:《少年法庭的成绩、问题和出路》,载《人民法治》2016 年第 2 期。

72. 牛凯:《少年司法,历久弥新,利在千秋》,载《人民法院报》2017 年 7 月 26 日,第 5 版。

73. 牛凯:《少年法庭改革的发展方向》,载《人民法院报》2018 年 7 月 11 日,第 5 版。

74. 秦明华,王列宾:《少年法庭运作机制的现实困境与完善——以中级法院和基层法院为视角》,载《青少年犯罪研究》2010 年第 2 期。

75. 盛茂:《我市法院加强未成年人权益司法保护》,载《连云港日报》2009 年 6 月 4 日,第 A06 版。

76. 孙洁:《体现司法延伸的"房山样本"》,载《民主与法制》2017 年第 48 期。

77. 王戬,祁建建:《改革少年法庭机构设置》,载《青少年犯罪问题》2000 年第 2 期。

78. 王静等:《如何编制法官员额——基于民事案件工作量的分类与测量》,载《法制与社会发展》2015 年第 2 期。

79. 王宇堂,武波:《论少年法庭机制改革的完善——以 L 区法院未成年人综合案件审判庭为视角》,载《预防青少年犯罪研究》2014 年第 3 期。

80. 王运声:《少年审判功德无量——全国法院少年法庭工作座谈会综述》,载《中国审判》2008 年第 8 期。

81. 肖建国:《加强前瞻性理论研究,指导和推动少年法院的建立》,载《政治与法律》2000 年第 1 期。

82. 肖杰文:《法与神经科学研究述评——兼论认知科学与法》,载《河南财经政法大学学报》2013 年第 3 期。

83. 颜茂昆:《关于深化少年法庭改革若干问题的思考》,载《法律适用》2017 年第 19 期。

84. 杨崇刚:《少年法庭名称》,载《法学杂志》1994 年第 6 期。

85. 姚建龙:《对我国目前创设"少年法院"的几点思考——从"少年法庭"到"少年法院"》,载《中国青年研究》2001 年第 6 期。

86. 姚建龙:《中国少年司法的历史、现状与未来》,载《法律适用》2017 年第 19 期。

87. 喻中:《法学方法论视野中的规范分析方法及其哲学基础》,载《新疆社会科学》2004 年第 3 期。

88. 袁祥:《全国法院共设立 2420 个少年法庭》,载《光明日报》2007 年 6 月 11 日,第 9 版。

89. 张立勇:《关于少年法庭发展道路问题的思考》,载《人民法院报》2017 年 3 月 1 日,第 5 版。

90. 张伟东,田梦华:《少年法庭审理未成年人犯罪案件的积极探索》,载《中国法律》2003 年第 1 期。

91. 赵丹青,李国莉:《未成年人刑事审判原则和制度贯彻中的问题与完善——以大庆市高新技术产业开发区少年法庭为视角的分析》,载《大庆社会科学》2012 年第 3 期。

92. 郑重,翟崇林:《综合性少年法庭的运转机制》,载《法学》1992 年第 1 期。

93. 中国人权研究会:《生存权和发展权是首要的基本人权》,载《人民日报》2005 年 6 月 27 日,第 9 版。

94. 周斌：《提高家事审判水平 促进新时代家庭文明建设》，载《法制日报》2018 年 7 月 20 日，第 1 版。

95. 周道鸾：《中国少年法庭制度的发展与完善——苏、沪少年法庭制度调查报告》，载《青少年犯罪问题》2007 年第 6 期。

96. 周道鸾：《对改革和完善少年法庭制度的思考》，载《人民司法》2008 年第 5 期。

97. 自正法：《我国台湾地区少事法之演进脉络与改革趋势——基于实证和历史双维度考察》，载《江淮论坛》2016 年第 6 期。

98. 《我国已建立 2400 个少年法庭》，载《人民公安报》2003 年 11 月 1 日，第 2 版。

99. 《美国的少年法庭》，载《国外法学》1984 年第 6 期。


## 三、英文文献

100. Michael Rosen, Dignity：Its History and Meaning, Cambridge：Harvard University Press, 2012.

101. Ndulu, B. J. etc（ed）The Political Economy of Economic Growth in Africa, 1960—2000（Vol. 2）, New York：Cambridge University Press, 2008.

102. Daniel A. Ross, "Rethinking the Road to Gault：Limiting Social Control in the Juvenile Court, 1957—1972", Virginia Law Review, Vol. 98（2012）.

103. Edward D. McLaughlin, M. Clinton McGee, "Juvenile Court Procedure", Alabama Law Review, Vol. 17（1965）.

104. Franklin E. Zimring, "The Power Politics of Juvenile Court Transfer：A Mildly Revisionist History of the 1990s", Louisiana Law Review, Vol. 71（2010）.

105. Jacqueline Daily, Jessica Winter, "Juvenile Law Moot Court Brief", Whittier Journal of Child and Family Advocacy,

Vol. 12(2012).

106. Julian W. Mack，The Juvenile Court，Annual Report，A. B. A. Vol. 32 (1909).

107. Juvenile Court Administration，Georgia State University Law Review，Vol. 31(2014).

108. Lebel C and Beaulieu C. "Longitudinal Development of Human Brain Wiring Continues from Childhood into Adulthood"，The Journal of Neuroscience，31(30)，2011.

109. Leonard Edwards，"Ethical Challenges for the Juvenile Court Judge"，Juvenile and Family Court Journal，Vol. 62 （2011），pp. 1—9.

110. Mana Wambebe. The development of Nigeria's local/traditional fabric industry as a strategy for poverty reduction. Paper for the degree of M. A.，University of Massachusetts Lowell. 2003.

111. Petanjek Z，Judaš M，Šimić G，et al.. "Extraordinary Neoteny of Synaptic Spines in the Human Prefrontal Cortex"，Proceedings of the National Academy of Sciences，108(32)，2011.

112. Yang Y L，Glenn A L and Raine A. "Brain Abnormalities in Antisocial Individuals：Implications for the Law"，Behavioral Sciences and the Law，Vol. 28 （2008）.

**四、联合国文件（以发文时间为序）**

113.《联合国预防少年犯罪准则》（利雅得准则），联合国文号：A/RES/45/112，1990 年 12 月 14 日。

114.《1995—2004 年联合国人权教育十年和人权领域的新闻活动》，联合国文号：A/RES/53/153，1999 年 2 月 26 日。

115.《儿童在 21 世纪将面临的新问题》，联合国文号：A/AC.

256/3-E/ICEF/2000/13,2000 年 5 月 2 日。

116. 《关于被拘留少年人权的国际标准的适用》,联合国文号:E/CN. 4/Sub. 2/2000/L. 29,2000 年 8 月 14 日。

117. 《关于犯罪与司法:迎接二十一世纪的挑战的维也纳宣言》,联合国文号:A/C. 3/55/L. 3,2000 年 9 月 14 日。

118. 《第 18 号一般性意见:不得歧视》,载《各人权条约机构通过的一般性意见和一般性建议汇编》,联合国文号:HRI/GEN/1/Rev. 6,2003 年 5 月 12 日。

119. 《在〈儿童权利公约〉框架内青少年的健康和发展》(第 4 号一般性意见),联合国文号:CRC/GC/2003/4,2003 年 7 月 1 日。

120. Consideration of Reports Submitted by States Parties under Article 44 of the Convention, Concluding Observation Singapore, 联合国文号:CRC/C/15/Add. 220, 27 October 2003.

121. 《执行〈儿童权利公约〉(第 4、42 和 44 条第 6 款)的一般措施》,联合国文号:CRC/GC/2003/5,2003 年 11 月 27 日。

122. 《中国关于〈儿童权利公约〉执行情况的第二次报告》(1996 年至 2001 年),联合国文号:CRC/C/83/Add. 9,2005 年 7 月 15 日。

123. 《联合国预防犯罪和刑事司法的标准和规范》,联合国文号:E/CN. 15/2006/13,2006 年 3 月 3 日。

124. 《少年司法中的儿童权利》(第 10 号一般性意见),联合国文号:CRC/C/GC/10,2007 年 4 月 25 日。

125. 《联合国土著人民权利宣言》,联合国文号:A/RES/61/295,2007 年 10 月 29 日。

126. 《增进和保护所有人权、公民、政治、经济、社会和文化权利,包括发展权》,联合国文号:A/HRC/10/L. 15,2009 年 3 月 20 日。

127.《使联合国预防犯罪准则发挥作用》,联合国文号:A/CONF.213/6,2010 年 2 月 5 日。

128.《人权事务高级专员关于司法领域,包括少年司法领域的人权问题的报告》,联合国文号:A/HRC/14/35,2010 年 4 月 21 日。

129.《人权事务高级专员办事处、联合国毒品和犯罪问题办公室和负责暴力侵害儿童问题的秘书长特别代表关于预防和应对少年司法系统内暴力侵害儿童行为的联合报告》,联合国文号:A/HRC/21/25,2012 年 7 月 27 日。

130.《促进和保护意见表达自由权问题特别报告员的报告》,联合国文号 A/69/335,2014 年 8 月 21 日。

131.《改变我们的世界:2030 年可持续发展议程》,联合国文号:A/69/L.85,2015 年 8 月 12 日。

132.《人权教学入门》手册的中文版,可参见 http://www.un.org/chinese/hr/abc/intro.htm♯top。

# 后 记

　　这本薄薄的小书是我的博士后出站报告。

　　从 2016 年 8 月到 2018 年 12 月,我在最高人民法院中国应用法学研究所工作站从事博士后研究。工作站最初布置的选题是"人民法院推动法治进步的作用研究——以人民法院发展史为视角",我在进站最初几个月的阅读和调研过程中逐渐感觉到,我国 70 年的人民法院发展史岂是一份出站报告的体量所能述说清楚的。经合作导师牛凯编审的同意、工作站的批准,改换成少年法庭这个小得多的主题。事实上,少年法庭所涉及的内容也很多,比如与检察院系统的未检工作对接、与基层组织的社工工作对接,这些都属于"少年法庭发展战略"的有机组成部分。但从工作站定位的角度出发,报告还是立足于服务法院、为司法工作提供参考,所以没有全方位地展开。

　　在小书付梓之际,首先应当感谢牛凯老师,无论是驻站坐班,还是外出调研、撰写文字、发表阶段性成果,牛老师一直给予悉心指导,以他多年从事未成年人法律保护的理论建树和实践经验,为我在把握方向、收集资料、实地调研等方面提供便利。师生的情谊以及相关问题交流过程中的收获,是最值得珍惜和感激的。同样感谢对我的研究计划和最终研究报告提出建议和意见的评委专家,弥补了我一直在高校从事教研工作而缺乏司法实践经验的不足——很多评委我在检索时发现系在京机关的领导,为避免"贴金""带故"之嫌,我就不一一列举了。中国应用法学研究所的代秋影副研究员也是未成年人保护法领域的专家,在日常的交流中,为我提供了很多有价值的信息和思路。

　　小书的成型还有我学生的功劳,林芳臣毕业后在中国政法大学攻读研究生期间,从月旦知识库、Hein Online 法律全文数据库、LexisNexis 法律数据库以及 Springer Link 数据库为我收集、草译、整理了大量国外司法的规则、案例和评论性文章,本书第三章建立在这些资料的基础上;艾嫚婷与我合作撰写了《联合国预防少年犯罪的立场、措施与启示》一文,本书第二章第一节的核心内容吸收了该论文的观点。

　　感谢浙江财经大学法学院和浙江省新型高校智库"浙江省地方立法与法治战略研究院"提供的出版资助。浙江财经大学是我的本科母校,也是我现在谋生的地方——相比于工资,我可以肯定地说——使我在学业上受益颇多,尤其是李占荣教授和陈思融副教授给予的指导和鼓励,需要特别致谢。

作　者

2019 年 6 月 30 日